SWEDISH-ENGLISH
ENGLISH-SWEDISH

Dictionary & Phrasebook

DICTIONARY & PHRASEBOOKS

Albanian
Arabic (Eastern)
Australian
Azerbaijani
Basque
Bosnian
Breton
British English
Chechen
Croatian
Esperanto
French
Georgian
German
Greek
Hebrew *Romanized*
Igbo
Ilocano
Irish
Italian

Japanese *Romanized*
Lao *Romanized*
Lingala
Malagasy
Maltese
Maya (Yucatec)
Pilipino (Tagalog)
Polish
Romansch
Russian
Shona
Slovak
Somali
Spanish (Latin American)
Swahili
Tajik
Thai *Romanized*
Turkish
Ukrainian

SWEDISH-ENGLISH ENGLISH-SWEDISH

Dictionary & Phrasebook

JULIE HANSEN & DICK NILSSON

HIPPOCRENE BOOKS, INC.
New York

ISBN 0-7818-0903-7

Cataloging-In-Publication Data available from the Library of Congress

For information, address.
Hippocrene Books, Inc.
171 Madison Ave.
New York, NY 10016
www.hippocrenebooks.com

Printed in the United States of America

CONTENTS

INTRODUCTION

Swedish is the official language of Sweden and is spoken by approximately 9 million people. Owing to Finland's long common history with Sweden, it is also the second official language of Finland (after Finnish). In Finland, Swedish is spoken by a minority of approximately 300,000 people, mostly along the southwestern Baltic coastline and in the Helsinki region. Since Swedish, as well as English, is compulsory in Finnish schools, it can be understood in most of Finland (Finnish is a Finno-Ugric language and not related to any other Scandinavian or Germanic language)

The Danish, Norwegian and Swedish languages constitute the bulk of the North Germanic (or Scandinavian) language group, which itself is a part of the Germanic language group. The relation between the Scandinavian languages is close enough to make them mutually understandable, despite differences in vocabulary and pronunciation. Knowledge of Swedish, or any of these languages, will prove helpful throughout most of Scandinavia and Finland. (Even though it is also a member of this group, Icelandic is more or less unintelligible to other Scandinavians because of its archaic character.)

The oldest written sources of Swedish are the so-called **landskapslagarna** (regional laws), which were written in medieval Swedish during the 13th century and using the Latin alphabet (the rune stones were written in medieval Swedish during the 13th century using the so-called futhark, or rune, alphabet, a period in the history of the Swedish language that lasted from approximately the early 9th century up to the late 13th century). Modern Swedish is dated from King Gustav Vasa's Bible from 1526/1541. Over the centuries, the Swedish language has been influenced by German and French In the decades after WWII, Swedish has adopted many loan words from English, which the English-speaking traveler will undoubtedly recognize along the way.

Five languages have minority language status in Sweden: Finnish, Meänkieli (a variant of Finnish spoken along the southern end of the Swedish-Finnish border), Romani, Sami, and Yiddish.

Sweden is historically divided into 24 **landskap** (provinces), which in turn constitute the three larger regions. **Götaland** is the southernmost region and comprises the provinces of Skåne (with Malmö, the country's third largest city with 260,000 inhabitants), Småland, Blekinge, Halland, Västergötland, Östergötland, Bohuslän (with Göteborg, the country's second largest city with 470,000 inhabitants), Gotland and Dalsland. **Svealand** covers Central Sweden and consists of Uppland, Södermanland (both share the country's capital, Stockholm, and its 1,200,000 inhabitants), Västmanland, Närke, Värmland and Dalarna. **Norrland** is made up of Gästrikland, Hälsingland, Medelpad, Ångermanland, Härjedalen, Jämtland, Västerbotten, Norrbotten and Lappland.

Owing to a relatively small number of speakers scattered over vast distances, Swedish has several regional dialects, all of which are mutually intelligible. Due to the impact of mass media, the differences are starting to diminish, giving way to Central Swedish, which is defined as the Swedish spoken in the Mälar Valley (**Mälardalen**, i.e. the area surrounding Lake Mälaren), the center of which is Stockholm. Central Swedish should, however, not be confused with the dialects spoken in the capital.

One feature of spoken Swedish will help even an untrained ear determine whether a Swede is from the North or the South— namely the pronunciation of the r. In almost all dialects spoken in **Götaland**, grouped together as **götamål** (**mål** meaning language), the r is pronounced as a velar r (**tungrots-r**), just as most English speakers do. Its counterpart, the apical ("rolled") r (**tungspets-r**), is typical of Central and Northern Sweden.

PRONUNCIATION GUIDE

What follows is a very brief introduction to Swedish pronunciation designed to help English speakers use this dictionary and phrasebook. A certain emphasis has been placed on contrastive aspects.

Pronunciation in Swedish depends on vowel length, stress and accent. A word can change meaning depending on whether a vowel is long or short, or what accent it has, just as the information in a sentence depends on which word is stressed.

The Swedish alphabet

The names in the right column are often used when spelling out words for someone over the phone. They are more useful for this purpose than the actual Swedish pronunciation of the letters, given in italics.

a	*ah*	Adam
b	*be*	Bertil
c	*ce*	Caesar
d	*de*	David
e	*e*	Erik
f	*eff*	Fredrik
g	*ge*	Gustav
h	*hå*	Helge
i	*i*	Ingvar
j	*ji*	Johan
k	*kå*	Kalle
l	*ell*	Ludvig
m	*em*	Martin
n	*en*	Niklas
o	*o*	Olof
p	*pe*	Pelle
q	*ku*	Quintius
r	*ärr*	Rolf
s	*ess*	Sigvard
t	*te*	Ture
u	*u*	Urban
v	*ve*	Viktor

w dubbelve (*literally "double v"*)		
x	*eks*	Xerxes
y	*y*	Yngve
z zäta (*not a name, means the letter z, a loan from the Greek*)		
å	*å*	Åke
ä	*ä*	ärlig (*not a name, means honest*)
ö	*ö*	Östen

There are three letters that do not exist in English: **å**, **ä**, and **ö**. However, with some slight differences, the sounds they represent do occur in English. The only vowel that is unique to Swedish (and Norwegian) is **long u**, which can be difficult for non-native speakers. Also, in alphabetic lists such as the phone book, the letter **w**, which occurs only in proper names and loanwords, is mixed in with the letter **v**.

Vowels: long and short

Swedish is distinguished by a comparably large number of vowels, each of which occurs in both long and short variants.

1) The difference between long and short vowels is semantic, which means that it determines the meaning of a word (see examples below). Unstressed vowels are only short, while stressed vowels can occur in both long and short variants. A useful rule of thumb is that short is usually very short, and long is usually very long.

2) Different degrees of lip rounding are significant for Swedish vowels: **long å** and **long ö** have normal lip rounding (as in English *oh!*), whereas **long o** and **long u** have tighter lip rounding. **Long y** has more open lip rounding (note that **y** in Swedish possesses a quality similar to that of German **ü**).

Pronunciation of stressed vowels:

long a: as in **father** (e.g. **val** *election*)
short a: as in **cat** (e.g. **vall** *embankment, dike*)

long e: as in **get**, but longer (e.g. **vet** *know*)
short e: as in **get**, (e.g. **vett** *sense*)

long i: as in **meet** (e.g. **fina** *fine*)
short i: as in **bit, hit** (e.g. **finna** *find*)

long o: as in **doom, moon,** tight lip rounding (e.g. **rot** *root*)
short o: as in **book, look,** less tight lip rounding (e.g. **rott** *rowed*)

long u: something like -ui- in **juice** with lip rounding (e.g. **ful** *ugly*)
short u: something like **full,** less lip rounding (e.g. **full** *full; drunk*)

long y: somewhat like the -u- in **pure,** but without the initial
   j-sound (e.g. **byta** *change*)
short y: (e.g. **bytta** *tube*)

long å: as in **bore** without the r-sound and with lip rounding
   (e.g. **mås** *seagull*)
short å: as above but shorter (e.g. **måste** *have to*)

long ä: as in **bear** (e.g. **lät** *sounded*)
short ä: as in **kept** (e.g. **lätt** *easy*)

long ö: something like -e- in **her** (e.g. **röt** *yelled*)
short ö: about the same but much shorter (e.g. **rött** *red*)

The words used as examples are so-called minimal pairs, two
words that are almost the same, but—owing to a very small dif-
ference—mean different things. In this case, the difference lies in
the length of the vowels, which is indicated by the spelling. A
general rule says that a vowel is short if it is followed by two con-
sonants, e.g. **stanna** *stop;* **halka** *slip;* **sakta** *slow;* **börja** *begin.* The
reverse is also true: a vowel followed by only one consonant nor-
mally signals a long vowel.

Also note that the quality of the vowel in some words changes
when becoming short. One example is the adjective **god** *good,*
which here appears in common gender. In neuter gender it is **gott.**
As the spelling indicates, the vowel has undergone a shortening.
Shortening of some vowels also changes their quality (see the
examples above).

The difference between **short e** and **short ä** is almost inaudible.

Consonants

Most Swedish consonants are the same as in English and are pronounced roughly the same, although the English w does not exist in Swedish. The letter r occurs in two variants, velar (southern Sweden) and apical (central and northern Sweden). One important difference, however, lies in the spelling and pronunciation of some **fricatives** (hiss-sounds). The counterparts to the English -**ch**- (as in *church*) and -**sh**- (as in *usher*) can be spelled in the following ways:

sch-	**schack** *chess*
sk-	**skära** *cut*; **skina** *shine*
stj-	**stjärna** *star*; **stjäla** *steal*
skj-	**skjuta** *shoot*
sj-	**själv** *self*; **sjuda** *simmer*
tj-	**tjära** *tar*; **tjäna** *serve*
k-	**kära** *dear*; **kök** *kitchen*

With the exception of **tj-** and **k-**, all combinations are pronounced *similarly* to English -**sh**- (as in *shore*).

tj- and **k-** are pronounced as -**ch**- without the usual **t-** normally associated with initial **ch-** (like *church*).

sk- and **k-** are sometimes pronounced as they are spelled and not as fricatives. The rule is that **sk-** and **k-** followed by any of the vowels **e, i, y, ä, ö** (frontal vowels) will be pronounced as a fricative.

Notes:
- Swedish **j** is pronounced as English **y** (as in *yell*).
- In Swedish, **g** is sometimes pronounced as the Swedish **j** (e.g. **Göteborg** (sounds like "Yötebory"), **genom** *through*; **göra** *do*; **Göran** *George*.
- Initial **j** is sometimes spelled **hj-** as in: **hjord** *herd*; **hjärta** *heart*; or **gj-** as in: **gjorde** *did*; **gjuta** *cast* (here the initial g- or h- is silent).
- The -**tion** in Swedish (as in **nation**) is pronounced with a -t- plus the hiss-sound (and *always* with the stress on the last syllable; see **Stress and accent**).

Stress and accent

Stress in Swedish varies. Although many words may seem familiar to speakers of English, one should never take for granted that they are pronounced the same as in English, since many of these words are imports from other languages, most notably from French (thus: **journalist**, **familj**, **nation**, **bagage**, etc., just as every word that ends with -tion, like **nation**, **portion** etc., has the stress on the last syllable in Swedish).

Stress should not be confused with **accent**. It is the so-called **melodic accent** that gives Swedish its singsong character. For example, in writing the word **tanken** can be the determinate form of two words, **tank** (*tank*) and **tanke** (*thought*). In both cases, stress is on the first syllable, but they have different accents. In the first case, there is no accent at all and the stress is entirely on the first syllable. In the second case, the second syllable could be said to have borrowed some of the weight of the first syllable, thus evening the balance out a bit. It should, however, be emphasized that there is no way of learning this by reading only. It takes long hours of careful listening and practice.

ABBREVIATIONS

abbr	abbreviation
adj.	adjective
adv.	adverb
anat.	anatomical
astr.	astronomical
coll.	colloquial
comm	commercial
conj.	conjunction
det. art.	determinate article
dir.	direction
e.g	for example
elec.	electric
finan.	financial
gastr	gastronomical
geogr.	geographical
gov.	government
hort.	horticultural
indet. art.	indeterminate article
interj.	interjection
jur.	juridical
lit	literally
loc.	location
med.	medical
mil.	military
n	noun
part.	particle
pl.	plural
pref.	prefix
prep.	preposition
pres.	present tense
pron.	pronoun
psych	psychological
ptc.	participle
publ.	publishing
refl pron.	reflexive pronoun
rel.	religious
sing.	singular
v.	verb
v intr	verb intransitive, i.e. cannot have an object
v tr.	verb transitive, i.e. can have an object
zool	zoological

A BRIEF SWEDISH GRAMMAR

1. Pronouns (Pronomen)

1.1. Personal pronouns (personliga pronomen)

Singular

1st person	**jag**	*I*
2nd person	**du**	*you*
3rd person	**han / hon**	*he / she*
	den / det	*it*

Plural

1st person	**vi**	*we*
2nd person	**ni**	*you*
3rd person	**de**	*they*

1.2. Subject - object

jag – mig (*pronounced* mej)	Han ser mig. *He sees me.*
du – dig (*pronounced* dej)	Jag ser dig. *I see you.*
han – honom / hon – henne /	Har du sett honom / henne /
den – den / det – det	den / det? *Have you seen him /*
	her / it?
vi – oss	De ser oss. *They see us.*
ni – er	Vi kan se er. *We can see you.*
de – dem (*pronounced* dom)	Kan vi se dem? *Can we see them?*

1.3. Interrogatory pronouns (frågepronomen)

vem (sg.)	*who*	Vem är det? *Who is that?*
vilka (pl.)	*who*	Vilka ar de? *Who are they?*
vad	*what*	Vad är det? *What is it?*

1.4. Possessive pronouns (possessiva pronomen)

min	*my*
din	*your*
hans / hennes / dess	*his / her / its*

vår	our
er	your
deras	their

With the exception of **hans, hennes, dess** and **deras**, which are always the same, pronouns follow the gender of the noun:

ett hus *a house*	mitt / ditt / vårt / ert hus *my / your / our / your house*
en bil *a car*	min / din / vår / er bil *my / your / our / your car*
bilar *cars*	mina / dina / våra / era bilar *my / your / our / your cars*

Note: **hans / hennes / dess** & **deras** change into **sin / sitt / sina** if there is an ownership relation between subject and object in a sentence:

Det är Peters bok. Han läser **sin** bok.
> *It is Peter's book. He reads his book.*

Det är Annas paraply. Hon bär **sitt** paraply.
> *It is Anna's umbrella. She carries her umbrella.*

Det är deras barn. De leker med **sina** barn.
> *It is their children. They play with their children.*

2. Nouns (Substantiv)

2.1. Number (Numerus)

Swedish features five different plural endings.

indeterminate form	plural indeterminate form	plural determinate form
1) kvinn-**a** (*woman*)	kvinn-**or**	kvinn-**or-na**
2) stol (*chair*)	stol-**ar**	stol-**ar-na**
3) park (*park*)	park-**er**	park-**er-na**
4) äpple (*apple*)	äpple-**n**	äpple-**n-a**
5) hus (*house*)	hus-ø	hus-**en**

The determinate form of the plural is generated by adding **-na** to the plural ending of the indeterminate plural. The exception to this rule is the **hus**-group. In the dictionary section, the indeterminate plural endings of each noun are listed.

2.2. Cases (kasus)

Nouns occur in two cases, nominative and genitive. The genitive case is formed either by prepositions or by adding **-s** to the stem of the noun.

Peters bil	*Peter's car*
Kungens krona	*The King's crown*

Notice that with quantities there is no equivalent to the English *of*:

ett kilo mjöl	*a kilo of flour*
en bukett rosor	*a bouquet of roses*
en hog papper	*a pile of paper*
en kopp kaffe	*a cup of coffe*

(Not to be confused with quality: **en jacka av läder** *a leather coat*)

2.3. Definiteness (bestämdhet) and Gender (genus)

There are two genders, the neuter (**ett** words; *neutrum*) and the common (non-neuter) gender (**en** words; *reale*). About 80 percent of Swedish nouns are **en** words.

The indefinite form has an article but no special ending:

en bok	*a book* (common gender)
ett bord	*a table* (neuter gender)

The definite form takes a special ending, but has no article:

bok**en**	*the book* (common gender)
bord**et**	*the table* (neuter gender)

Note:
If a noun ends with a vowel, an **-n** or a **-t** is added to the stem:

en flicka   *a girl* (common gender)
flicka**n**   *the girl*

ett äpple   *an apple* (neuter gender)
äpple**t**   *the apple*

Learn new words together with their indefinite article! Gender is indicated in the dictionary.

3.   Verbs (Verb)

3.1.   Tenses (tempus)

All tenses have only one form, regardless of person, even in the case of irregular verbs.

present tense	past tense	perfect / pluperfect
jag talar *I speak*	jag talade *I spoke*	jag **har** / **hade** talat *I have / had spoken*

3.1.1. Present tense (presens)

Infinitive **titta** *watch*

jag tittar	*I watch*
du tittar	*you watch*
han / hon tittar	*he / she watches*
vi tittar	*we watch*
ni tittar	*you watch*
de tittar	*they watch*

Note: Swedish does not have a continuous tense: **Jag tittar** means both *I'm watching* and *I watch*.

3.1.2. Future tense (futurum)

Future tense can be formed three ways:

1) Jag **åker** dit (i morgon). *I am going there (tomorrow).*
   The future tense is formed by the use of the present tense.

2) Jag **ska göra** det (i morgon). *I am going to do it (tomorrow).*
   The future tense is formed by the use of the verb **ska** + infinitive (indicating a wish).

3) Jag **kommer att** vara där (i morgon). *I will be there (tomorrow).*
   The future tense is formed by **kommer att** (indicating a prediction).

3.2. Regular and irregular verbs (regelbundna och icke-regelbundna verb)

Note: In some grammar books regular is referred to as **svaga** (*weak*), and irregular as **starka** (*strong*).

In the present tense, verbs end with -**(a)r** or -**er**.

Most Swedish verbs, including all recent loan words, are regular:

infinitive	present tense	imperative	past tense	perfect / pluperfect
tala *speak*	talar *speak*	tala! *speak*	tala**de** *spoke*	talat *spoken*

Examples of regular verbs:

infinitive	present tense	imperative	past tense	perfect / pluperfect
ploga *plow*	plogar	ploga!	plog**ade**	plogat
lura *fool*	lurar	lura!	lurade	lurat
fotografera *photograph*	fotograferar	fotografera!	fotograferade	fotograferat

Some are irregular:

infinitive	present tense	imperative	past tense	perfect / pluperfect
göra do	gor	gör[1]	gjorde	gjort

Other examples of irregular verbs (these have to be learned by heart):

infinitive	present tense	imperative	past tense	perfect / pluperfect
ha have	har	ha!	hade	haft
vara be	är	var[1]	var	varit
bjuda offer	bjuder	bjud[1]	bjod	bjudit
bli become	blir	(bli[1])	blev	bliven
brinna burn	brinner	brinn!	brann	brunnit
bära carry	bar	bär[1]	bar	burit
böra should / ought to	bör	(bör!)	borde	bort
dricka drink	dricker	drick[1]	drack	druckit
falla fall	faller	fall[1]	föll	fallit
finna find	finner	finn[1]	fann	funnit
finnas exist	finns	(finns[1])	fanns	funnits
få get, may (allowed to)	får	(få!)	fick	fått
ge give	ger	ge[1]	gav	givit
komma come	kommer	kom!	kom	kommit
kunna be able to	kan	(kan!)	kunde	kunnat
leva live	lever	lev!	levde	levt
lägga put	lägger	lägg[1]	lade	lagt
se see	ser	se[1]	såg	sett
skola shall / will	ska	(ska!)	skulle	skolat
springa run	springer	spring[1]	sprang	sprungit
stå stand	står	stå[1]	stod	stått
säga say	säger	säg!	sade	sagt
ta take	tar	ta[1]	tog	tagit
vilja want	vill	vill[1]	ville	velat

Note: Imperatives that are rarely used have been placed in brackets.

3.3. How to conjugate a regular verb

Given that Swedish verbs end with -(a)r or -er in the present tense, if you know the present tense, it is easy to figure out the different forms of each verb.

1) -(a)r, as in **talar** *speaks* (infinitive **tala**)
   Remove **-r** and you get the imperative: **tala!** *speak!*
   (Here the imperative is identical to the infinitive.)
   To the imperative, add:
   -de and you get the past tense: **talade** *spoke*
   -t and you get the supine, which is the form of the perfect and pluperfect tenses: **talat** *spoken*

2) **-er**, as in **läser** *reads* (infinitive **läsa**)
   Remove **-er** and you get the imperative: **läs!** *read!*
   (Here the imperative is *not* identical to the infinitive.)
   To the imperative, add:
   -te and you get the past tense: **läste** *read*
   -t and you get the supine, which is the form of the perfect and pluperfect tenses: **läst** *read*

3.4. Helping (auxiliary) verbs (hjälpverb)

The most frequent helping verbs are:

kunna *be able to / can*	Kan du göra detta? *Can you do this?*
måste *must, have to*	Jag måste göra det. *I have to do it.*
ska *shall / will*	Jag ska göra det. *I will / shall do it.*
böra *should / ought to*	Jag bör göra det. *I should / ought to do it.*
vilja *want*	Jag vill göra det. *I want to do it.*
få *may*	Får jag göra det? *May I do it?*

4. Adjectives (Adjektiv)

4.1. Adjectival agreement (kongruens)

Adjectives must agree with the gender and the number of the noun:

gender:

ett litet hus	*a small house*
en liten flicka	*a little girl*

number:

en röd stuga	*a red cottage*
röda stugor	*red cottages*

This is valid also in cases when the adjective has a predicative function:

stugan är röd	*the cottage is red*
huset är rött	*the house is red*
stugorna är röda	*the cottages are red*

4.2. Adjectives in determinate form

When the noun changes to determinate form, the adjective always takes the ending **-a**:

det röda huset	*the red house*
den röda stugan	*the red cottage*
de röda stugorna	*the red cottages*
de röda husen	*the red houses*

4.3. Adverbs

Adverbs have the same form as neutral (**ett**) adjectives:

Adverb: **Han sprang snabbt.**	*He ran quickly.*
(Adjective: **ett snabbt beslut**	*a quick decision*)
Adverb: **Hon skrev vackert.**	*She wrote beautifully.*
(Adjective: **ett vackert hus**	*a beautiful house*)

5. Word order

5.1. General rules

Swedish differs between *straight* and *inverted* word order:

1) Straight word order—the sentence begins with the subject, which is immediately followed by the verb:

Han	går	till staden.	*He goes to town.*
SUBJ	VB	OBJ	

2) Inverted word order—the sentence begins with a non-subject (an object or an adverb), and the subject comes after the verb:

Ibland	går	han	till staden.	*Sometimes he goes to town.*
ADV	VB	SUBJ	OBJ	

There are two kinds of questions and they both have inverted word order:

1) Yes / no questions:

Talar	du	svenska?	*Do you speak Swedish?*
VB	SUBJ	OBJ	

2) So called v-questions (**var** *where*, **vem** *who*, **vad** *what*, **varför** *why*):

Var	bor	du?	*Where do you live?*
ADV	VB	SUBJ	

Vem	är	det?	*Who is it?*
OBJ	VB	SUBJ	

Vad	gör	du?	*What are you doing?*
OBJ	VB	SUBJ	

Varför	är	tåget	sent?	*Why is the train late?*
ADV	VB	SUBJ	ADV	

5.2. Negation

A statement is negated by inserting **inte**. Its position depends on the sentence:

1) In a main clause, **inte** comes after the verb:

Han kommer inte. *He is not coming.*

2) In subjunctive clauses, **inte** precedes the verb:

Jag vet, att han inte kommer. *I know he is not coming.*

PHRASEBOOK CONTENTS

1. POLITENESS PHRASES & USEFUL EXPRESSIONS

Greetings / Hälsningar

Note: When people meet, they usually use either **God dag**, or the less formal **Hej**.

Good morning.
God morgon.

Good afternoon.
God middag / God eftermiddag.

Good evening.
God afton / God kväll.

Good day.
God dag.

Welcome.
Välkommen *(to one person)*. **Välkomna** *(to a group)*.

Hi / Hello.
Hej!

Nice to meet you.
Trevligt / roligt att träffas.

How are you?
Hur står det till? / Hur mår du? *(inquiring about someone's health)*

Fine, and you?
Tack, bra. Och själv?

Not too well (I've got a cold).
Inget vidare (jag är förkyld).

Did you sleep well?
Har du / ni sovit gott? *(sing. / pl.)*

Departing / Avresa

Good-bye.
Hej då (*informal*); **Adjö** (*formal; pronounced* ajö).

Good night.
God natt.

Sleep well.
Sov gott!

See you later / tomorrow / again.
Vi ses senare / i morgon / igen.

See you! (*informal*)
Vi ses!

(It was) Nice meeting you.
Det var trevligt / roligt att träffas.

I hope we will meet again.
Jag hoppas vi träffas igen.

Have a nice day.
Ha det bra!

Have a nice trip.
Ha en trevlig resa!

Give my regards to… / Say hello to…
Hälsa (till)…

Idiomatic expressions / Idiomatiska uttryck

Tack för maten, lit. "Thank you for the food."
Note: This is a very frequent "meal closer," uttered by the guest at the table and directed to the host(s) and / or cook(s). It can, however, be substituted with a phrase like: **Det smakade utmärkt**, *It was delicious*

Tack för senast, lit. "Thank you for last time."
Note: Always use this phrase when you next see the host(s) of a recent party or reception.

POLITENESS PHRASES & USEFUL EXPRESSIONS

Terms of address / Tilltal

Mr. Nilsson   **Herr Nilsson**
Mrs. Nilsson   **Fru Nilsson**
Note: Miss (**Fröken**) is considered obsolete. Swedes address one
another by first name in most contexts.

Gratitude, helpfulness, politeness / Tacksamhet, hjälpsamhet, hövlighet

Thank you.
Tack!

Thanks a lot.
Tack så mycket!

Thanks for the help!
Tack för hjälpen!

No, thanks.
Nej, tack.

You are welcome.
Var så god / Ingen orsak / För all del.

Please (contextual)

a) **Var så god.** (*when offering someone something*)
b) **Var snäll och...** (**öppna dörren**). Please... (open the door).
c) **Ja, tack.** Yes, please.

Help yourself / Here you are.
Var så god.

Excuse me / I'm sorry / I beg your pardon (contextual)

Excuse me, what time is it?
Ursäkta, hur mycket är klockan?

Excuse me, could you repeat that?
Ursäkta / Förlåt, men kan du / ni upprepa det där?

Excuse me / I'm sorry, but... (*apologizing*)
Ursäkta / förlåt mig, men...

I apologize (for...).
Jag ber om ursäkt (för...).

Please forgive me.
Jag ber om förlåtelse.

I'm sorry, but...
Jag är ledsen, men...

That's too bad.
Det var tråkigt.

I'm sorry to hear that.
Det var tråkigt att höra.

Condolatory / Kondoleans

I'm sorry about your loss.
Jag beklagar sorgen.

I was sorry to hear about...
Det var tråkigt att höra om...

General / Allmänt

That is good.
Det är bra.

That is bad.
Det är dåligt.

It is (not) my fault
Det är (inte) mitt fel.

I (do not) know.
Jag vet (inte).

Who? **Vem?**

What? **Vad?**

Why? **Varför?**

When? **När?**

What time? **Hur dags?**

Where? **Var?**

How? **Hur?**

What is that?
Vad är det där?

What is this?
Vad är det här?

Who is that?
Vem är det?

Who are they?
Vilka är de?

Who are you?
Vem är du / ni?

It's all right.
Det är OK.

It doesn't matter.
Det spelar ingen roll.

No problem.
Inget problem.

Anniversaries, holidays / Årsdagar, helger

Wedding anniversary
Bröllopsdag (*denotes the actual day of the wedding as well its anniversary*)
Happy anniversary.
Grattis på bröllopsdagen.

Happy birthday.
Grattis på födelsedagen.

Merry Christmas!
God jul!

Happy New Year!
Gott nytt år!

Happy Easter!
Glad påsk!

Happy Midsummer!
Glad midsommar!
Note: Midsommar is the Swedish celebration of the longest day of the year and occurs on the last Friday in June, regardless of the date of the actual summer solstice.

Have a nice weekend!
Trevlig helg!

2. INTRODUCTIONS & TELLING ABOUT YOURSELF

My name is...
Mitt namn är... / Jag heter...

I am ... years old.
Jag är ... år gammal.

I am from...
Jag är från...

I was born in Minnesota.
Jag är född i Minnesota (*lit.* I am born) / **Jag föddes i Minnesota.**

I was born on the 4th of July.
Jag är född den fjärde juli (*lit.* I am born) / **Jag föddes den fjärde juli.**

I am a...	Jag är...
...businessman.	...affärsman / affärskvinna. (*Although the former is supposed to be neutral, some women prefer the latter.*)
...computer programmer.	...dataprogrammerare.
...civil servant.	...tjänsteman.
...doctor.	...läkare.
...driver.	...chaufför.
...engineer.	...ingenjör.
...journalist.	...journalist.
...lawyer.	...advokat.
...librarian.	...bibliotekarie.
...nurse.	...sjuksköterska.
...office clerk.	...kontorist.
...police officer.	...polisman.
...principal.	...rektor.
...salesperson.	...försäljare.
...secretary.	...sekreterare.
...soldier.	...soldat.
...teacher.	...lärare.

| ...waiter / waitress. | ...servitör / servitris. |
| ...writer. | ...författare. |

I am a student.
Jag är student.

I am studying to become a lawyer.
Jag studerar till advokat.

I have a degree in...	**Jag har en examen i...**
...biology.	...**biologi.**
...business.	...**handel.**
...English.	...**engelska.**
...fine arts.	...**konst.**
...history.	...**historia.**
...literature.	...**litteratur.**
...sciences.	...**vetenskap.** (natural ~ **naturvetenskap**)
...sociology.	...**sociologi.**
...Swedish.	...**svenska.**

I have a...	**Jag har en...**
...Bachelor's Degree.	...**fil.kand.-examen (filosofie kandidat).**
..Master's Degree.	...**magistersexamen.**
..Ph.D. in...	...**doktorsgrad i...**

Country, nationality (male, female)

America / American
Amerika / amerikan, amerikanska

Australia / Australian
Australien / australiensare, australiensiska

Canada / Canadian
Kanada / kanadensare, kanadensiska

Denmark / Dane
Danmark / dansk, danska

Estonia / Estonian
Estland / est, estniska

Europe / European
Europa / europé, europeiska

Finland / Finn
Finland / finne, finska

France / French
Frankrike / fransman, fransyska

Germany / German
Tyskland / tysk, tyska

Great Britain / Brit; English; Scot; Welsh
**Storbritannien / britt, brittiska; engelsman, engelska; skotte,
skotska; walesare, walesiska**

Iceland / Icelander
Island / islänning, isländska

Ireland / Irish
Irland / irländare, irländska

Italy / Italian
Italien / italienare, italienska

Latin America / Latin American
Latinamerika / latinamerikan, latinamerikanska

Latvia / Latvian
Lettland / lett, lettiska

Lithuania / Lithuanian
Litauen / litauer, litauiska

New Zeeland / New Zeelander
Nya Zeeland / nyzeeländare, nyazeeländska

Norway / Norwegian
Norge / norrman, norska

Poland / Pole
Polen / polack, polska

Russia / Russian
Ryssland / ryss, ryska

South America / South American
Sydamerika / sydamerikan, sydamerikanska

Spain / Spanish
Spanien / spanjor, spanjorska

Sweden / Swede
Sverige / svensk, svenska

Declinations (gender and plural):

Males:
1) -(e)n, -ar (e.g. **tysken, tyskar**);
2) -nen -män (e.g. **engelsmannen, engelsmännen**);
3) -n Ø (e.g. **kanadensaren, kanadensare**).

Females: **-n -or** (e.g. **ryskan, ryskor**)

I am American.
Jag är amerikan / amerikanska.

Language

Do you speak...	Talar du / ni...
...Arabic?	...arabiska?
...Chinese?	...kinesiska?
...Danish?	...danska?
...English?	...engelska?
...Esperanto?	...esperanto?
...Estonian?	...estniska?
...Finnish?	...finska?
...French?	...franska?
...German?	...tyska?
...Icelandic?	...isländska?
...Italian?	...italienska?
...Latvian?	...lettiska?
...Lithuanian?	...litauiska?
...Norwegian?	...norska?
...Polish?	...polska?
...Russian?	...ryska?
...Spanish?	...spanska?
...Swedish?	...svenska?

I do not speak Swedish.
Jag talar inte svenska.

I speak a little Swedish.
Jag talar lite svenska.

If you speak slowly...
Om du / ni talar långsamt...

Please repeat that.
Var snäll och upprepa det där.

I need an interpreter.
Jag behöver en tolk.

How do you say this in Swedish?
Hur säger man detta på svenska?

How is this word pronounced?
Hur uttalas detta ord?

I understand.
Jag förstår.

I do not understand.
Jag förstår inte.

Do you understand me?
Förstår du / ni mig?

What does this mean?
Vad betyder detta?

Family relations / Familjerelationer

Are you married?
Är du gift?

I am not married.
Jag är ogift.

I am single.
Jag är singel.

I'm divorced.
Jag är frånskild.

Do you have children?
Har du barn?

I have a son / two sons.
Jag har en son / två söner.

I have a daughter / two daughters.
Jag har en dotter / två döttrar.

Do you have any siblings?
Har du några syskon?

I have… siblings.
Jag har… syskon.

I have a brother / two brothers.
Jag har en bror / två bröder.

I have a sister / two sisters.
Jag har en syster / två systrar.

adopted	**adopterad** (adopted son **adoptivson**)
aunt	**moster** (*mother's sister*) **faster** (*father's sister*)
boy	**pojke**
brother	**bror**
brother-in-law	**svåger**
children	**barn**
cousin	**kusin**
daughter	**dotter**
daughter-in-law	**svärdotter**
father	**fader** (*formal*), **far, pappa**
father-in-law	**svärfar**
girl	**flicka**
grandchildren	**barnbarn** (a son's son is **sonson**, a daughter's son **dotterson**, etc.)

grandfather	**morfar** (*mother's father*)
	farfar (*father's father*)
grandmother	**mormor** (*mother's mother*)
	farmor (*father's mother*)
husband	**man**
mother	**moder** (*formal*), **mor**, **mamma**
mother-in-law	**svärmor**
nephew	**brorson** (*brother's son*)
	systerson (*sister's son*)
niece	**brorsdotter** (*brother's daughter*)
	systerdotter (*sister's daughter*)
sister	**syster**
sister-in-law	**svägerska**
son	**son**
son-in-law	**svärson**
step-	**styv-** (stepson **styvson**)
twins	**tvillingar**
uncle	**morbror** (*mother's brother*)
	farbror (*father's brother*)
widow / widower	**änka / änkling**
wife	**hustru**

sambo (*abbr. of* **sammanboende**): partner you live with (common in Sweden and legally recognized as a family relationship).

särbo (*abbr. of* **särboende**): married couple living in separate homes (for example, due to jobs in different cities).

Note: the word pair "aunt and uncle" translates as "**tant och farbror**."

3. TRAVELING & ACCOMMODATIONS

Traveling by car / Resa med bil

Foreign driver's licenses are valid in Sweden for one year. If you decide to stay longer than that, you will need a Swedish license. At gas stations, you can pay either in cash or with your credit card at the counter, or by inserting bills into a cash machine (**sedelautomat**) located next to the pump. Most gas stations are self-service.

Important / Viktigt

1) In case of an accident, call 112 (regardless of kind of phone—see section **7, Communications and Media**, below).
2) The law requires that you always wear a safety belt, even in the backseat.
3) The law also requires that you always have the headlights on, even in daylight.
4) **Never** drive after consumption of alcohol. Swedish law prohibits driving with more than 0.02% alcohol in the blood. Even the day after drinking, alcohol in the blood may prove a sufficient cause for detention and/or heavy fines. Beers that are low in alcohol (marked class I, II or 3,5% and sold in regular convenience stores) are safe to drink.

Speed limits / Hastighetsbegränsningar

Generally: in the city 50km / h (approx. 30mph); on the highways 70-90km / h (approx. 40-55mph); on the freeways 110km / h (approx. 70 mph).

Renting a car / Hyra en bil

car rental	**biluthyrning**
driver's license	**körkort**
insurance	**försäkring**
mileage	**kostnad per kilometer**

| rent a car | **hyra en bil** |
| rental car | **hyrbil** |

What does it cover?
Vad täcker den?

At the gas station / På bensinstationen

air pressure	**lufttryck**
check...	**kontrollera...**
diesel	**diesel**
gas	**bensin**
gas station	**bensinstation**
octane	**oktan**
95 octane (regular)	**nittiofemoktanig**
96 octane (super)	**nittiosexoktanig**
oil	**olja**
unleaded	**blyfritt**

Spare parts / Reservdelar

back seat	**baksäte**
brake	**broms**
carburetor	**förgasare**
clutch	**koppling**
engine failure	**motorhaveri**
fan belt	**fläktrem**
flat tire	**punktering**
front seat	**framsäte**
gas pedal	**gaspedal**
gear	**växel**
headlights	**halvljus**
high beam	**helljus**
shift stick	**växelspak**
spark plug	**tändstift**
steering wheel	**ratt**
windshield wipers	**vindrutetorkare**

Distance / Distans

Swedes always measure distance in kilometers and Swedish miles (not to be confused with U.S. miles). One Swedish mile (**en mil**) equals ten kilometers, or 6.2 U.S. miles.

TRAVELING & ACCOMMODATIONS

Directions / *Vägbeskrivning*

Where am I?
Var är jag?

How do I get to...?
Hur kommer jag till...?

Could you tell me where... is?
Kan du / ni tala om för mig var... är?

I'm lost.
Jag är vilse.

Show me on the map.
Visa mig på kartan.

Where is the nearest Tourist Information Board?
Var finns närmaste Turistbyrå?

Possible answers / Möjliga suar

Första gatan till vänster / höger.
First street to the left / right.

Vänd om.
Turn back.

Du är här.
You are here.

Fortsätt rakt fram.
Continue straight ahead.

Ta till vänster / höger vid första tvärgatan.
Turn left / right at the first intersection.

korsning	intersection
rakt fram	straight
snett mittemot	catercorner
tvärgata	side street

36   Swedish-English/English-Swedish Dictionary & Phrasebook

Traveling by train / Resa med tåg

Sweden is covered by a nationwide network of railways and buses. The main railway network is run by **Statens järnvägar (SJ)**, and the largest bus company is **Swebus**. These are connected, and tickets are available at any railway station in the country. You can purchase your tickets either from a clerk at the counter, or from ticket machines (with instructions also in English). As a last resort, you can also buy a ticket from the train conductor, but there may be an extra charge.

Purchasing the ticket / Köpa biljett

I would like a one-way / round-trip ticket to Malmö.
Jag skulle vilja ha en enkel / tur och retur biljett till Malmö.

When does the train leave / depart?
När avgår tåget?

From which platform?
Från vilken perrong?

When does the train arrive in Malmö?
När ankommer tåget i Malmö?

Will I have to change trains?
Kommer jag att behöva byta tåg?

Is the train delayed?
Är tåget försenat?

Is this seat taken?
Är denna platsen upptagen?

Where is the lost-and-found office?
Var är hittegodsavdelningen?

a seat facing forward	**en plats i tågets färdriktning**
checkroom	**bagageförvaring**
couchette car	**liggvagn** (2nd class, 6-bed unisex compartments)
first / second class	**första / andra klass**

locker	**förvaringsskåp**
night train	**nattåg**
seat reservation	**sittplatsbiljett**
sleeping car	**sovvagn** (*1st class, 3-bed compartments, bathroom, private compartment optional*)
smoker / non-smoker	**rökare / icke-rökare**
ticket	**biljett**
window seat	**fönsterplats**

On the train / På tåget

compartment	**kupé**
restaurant car	**restaurangvagn** (*on shorter distances this service is offered by snack carts*)
ticket check	**biljettkontroll**
train conductor	**konduktör / tågmästare**
upper / middle / lower bunk	**över- / mellan- / under- slaf**

Calls on board / Utrop ombord

Nästa uppehåll, Eslöv!
Next stop, Eslöv!

Tåget inväntar ett mötande tåg.
The train is waiting for an oncoming train to pass.

Tåget är tio minuter försenat.
The train is ten minutes late.

At the airport / På flygplatsen

airport	**flygplats**
arrival hall	**ankomsthall**
baggage claim	**bagageuthämtning**
check-in counter	**incheckningsdisk**
customs	**tull**
departure hall	**avgångshall**
meeting point	**mötesplats**

passport check   **passkontroll**
security check   **säkerhetskontroll**

Where do I check in?
Var checkar jag in?

Where can I have my mileage registered?
Var kan jag få mitt mileage registrerat?

Can I bring this on board?
Kan jag ta med detta ombord?

How do I get to the gate?
Hur kommer jag till gaten?

I would like...   **Jag skulle vilja ha...**
   ...a window seat.   **...en fönsterplats.**
   ...a seat on the aisle.   **...en plats i mittgången.**

Kan jag få se ditt boarding pass / pass, tack?
Can I see your boarding pass / passport, please?

Har du packat bagaget själv?
Have you packed your luggage yourself?

Accommodations / Logi

Bed & Breakfast   **Bed & Breakfast** (*often indicated with RUM or ZIMMER FREI signs*)

boarding house   **pensionat**
cabin   **stuga**
camp ground   **campingplats**
hotel   **hotel**
youth hostel   **vandrarhem** (*guests are required to bring their own sheets; often with shared bathrooms*)

luggage help   **bagagehjälp**
reception   **reception**
room service   **rumsservice**

Do you have…
    …a single room?
    …a double room?
    …a non-smoking room?
    …a room with a bath?

Har ni…
    …ett enkelrum?
    …ett dubbelrum?
    …ett rökfritt rum?
    …ett rum med bad?

How much is a room?
Hur mycket kostar ett rum?

Is breakfast included?
Är det inklusive frukost?

When is breakfast served?
När serveras frukost?

Hur länge stannar ni?
How long are you staying?

I want to stay for two days.
Jag vill stanna i två dagar.

When do I have to check out?
När måste jag checka ut?

Do you have a luggage room?
Har ni ett bagagerum?

Can I have a…
    …a towel?
    …a glass?
    …an extra pillow?

Kan jag få…
    …en handduk?
    …ett glas?
    …en extra kudde?

How do I make phone calls from the room?
Hur ringer jag från rummet?

Can I have this sent to my room?
Kan jag få detta skickat till mitt rum?

Can I have a wake-up call?
Kan jag få väckning?

I want my room cleaned.
Jag vill ha mitt rum städat.

I don't want to be disturbed.
Jag vill inte bli störd.

I'm in room 34.
Jag finns på rum 34.

Can you put this on my bill?
Kan ni sätt upp det här på mitt rumsnummer?

Can you order a taxi for me?
Kan ni beställa en taxi åt mig?

4. FOOD & RESTAURANTS

breakfast	**frukost**
lunch	**lunch**
dinner	**middag**
snack	**mellanmål**
boiled	**kokt**
breaded (in egg, bread crumbs)	**panerad** (i ägg, ströbröd)
cooked	**tillagad** (as opposed to raw)
deep fried	**friterad**
fried	**stekt** (rare **lättstekt**; well done **genomstekt**)
steamed	**ångkokt**

I am...	Jag är...
...drunk.	...**full.**
...full.	...**mätt.**
...hungry.	...**hungrig.**
...thirsty.	...**törstig.**

Meat and game / Kött och vilt

beef	**nötkött**
chicken	**kyckling**
deer	**hjort**
duck	**anka**
elk	**älg**
game	**vilt**
ground beef, pork	**nöt- / fläskfärs**
horse meat	**hästkött, hamburgerkött** (regional)
meat	**kött**
meatballs	**köttbullar**
pheasant	**fasan**
pork	**fläsk, griskött**
poultry	**fågel**
reindeer	**ren**
sausage	**korv**

sirloin (*of beef*)	**rostbiff**
steak	**stek**
venison	**rådjur / älg / hjort**

Note: Meats prepared according to Jewish and Islamic laws (kosher and halal) can be found only in a few major supermarkets in Stockholm, Göteborg and Malmö. As a result of growing immigrant communities, Islamic halal is more widespread. Due to legal restrictions, no such meat is produced in Sweden, and is therefore imported, mainly from Denmark.

Generally, **Livsmedelsverket** (the equivalent to the American Food and Drug Administration) is strict in combating the spread of salmonella and E. coli bacteria. As a result, meat and dairy products in Sweden can be said to be quite safe.

Fish / Fisk

cod	**torsk**
eel	**ål**
fish	**fisk**
halibut	**flundra**
herring (pickled)	**sill (inlagd)**
perch	**aborre**
pike	**gädda**
plaice	**spätta**
salmon	**lax** (boiled **kokt**; smoked **rökt**; **gravad** raw spiced)
tuna	**tonfisk**

Vegetables / Grönsaker

aspargus	**sparris**
bell pepper	**paprika**
broccoli	**broccoli**
Brussels sprouts	**brysselkål**
cabbage	**kål**
carrots	**morötter**
cauliflower	**blomkål**
corn	**majs**
cucumber	**gurka**

dill	dill
French fries	pommes frites
garlic	vitlök
lettuce	salladshuvud
mushroom	svamp
onion	lök
parsley	persilja
parsnip	palsternacka
peas	ärtor
potatoes	potatis (mashed ~ potatismos)
rice	ris
salad	sallad
sauce	sås
sauerkraut	surkål
tomatoes	tomater
turnip	kålrot
vegan	vegan
vegetables	grönsaker
vegetarian	vegetarian

Fruit and berries / Frukt och bär

apple	äpple
banana	banan
blackberries	björnbär
blueberries	blåbär
currants (black, red)	vinbär (svarta, röda)
grapefruit	grapefrukt
grapes	vindruvor (lit. wine grapes)
lingonberries	lingon
orange	apelsin
pear	päron
pineapple	ananas
raspberries	hallon
rhubarb	rabarber
strawberries	jordgubbar
watermelon	vattenmelon
wild strawberries	smultron

Desserts / Dessert, efterrätt

almond cake	**mandelkaka**
apple cake (with vanilla sauce)	**äppelkaka (med vaniljsås)**
banana split	**banana split**
cake	**tårta, bakelse**
chocolate cake	**chokladkaka** (*can mean both cake and candy bar*)
cookie	**kaka**
ice cream	**glass** (e.g. chocolate ice cream **chokladglass**)
marzipan cake	**marsipankaka**
pie	**paj** (e.g. apple pie **äppelpaj**)
sorbet	**sorbet**
whipped cream	**vispgrädde**

Note: **kaka** denotes different kinds of desserts, including cake, cookie, and candy bar; **kaka** and **tårta** both mean cake, but **tårta** is more elaborate.

Some favorites / Några favoriter

marängsviss meringue shells (with whipped cream and chocolate sauce)

ostkaka cheese cake (made of cottage cheese, milk and almonds, usually served with whipped cream and strawberry jam; specialty of Småland, not to be confused with American cheesecake)

prinsesstårta princess cake (filled with jam and whipped cream and covered with light green marzipan)

semla (or **fastlagsbulle**) sweet bun filled with almond paste and whipped cream, eaten during the weeks preceding Fat Tuesday

spettkaka egg-based pyramid cake (speciality of Skåne)

Toscakaka almond cake

vaniljglass med hjortronsås vanilla ice cream with (usually hot) cloudberry sauce

wienerbröd Danish pastry

Drinks / Dryck

carbonated (non-)	**kolsyrad (icke-)**
coffee	**kaffe** (decaf **koffeinfritt**); *coffee drinks such as café latte or espresso generally have the same names as in English*
mineral water	**mineralvatten**
soft drink	**läsk**
table water	**bordsvatten**
tea	**te** (iced tea **iste**)
wine (red, white, rosé)	**vin** (**rött, vitt, rosé**)

aquavit **brännvin** (usually flavored with herbs such as **johannesört** / St. John's wort or **malört** / wormwood) Recommended labels are: **Skåne, O.P. Anderssons, Hallands fläder,** and **Bäska droppar.**

beer **öl**; recommended Swedish labels: **Ystad färsköl, Gamla stans färsköl** (both unpasteurized microbrews from Ystad and Stockholm respectively), and **Carneige vintage porter.**

punsch arrack liqueur, approx. 25% proof, very sweet, served cold with coffee, or warm with pea and pork soup (traditionally served on Thursdays).

Breads, grains, flours / Bröd, spannmål, mjöl

barley	**korn**
bran	**kli**
crackers	**kex**
crispbread	**knäckebröd** (*from rye, wheat*)
gluten	**gluten** (gluten-free bread **glutenfritt bröd**)
loaf	**limpa**
oats	**havre**
roll	**bulle, fralla**
rye bread	**rågbröd**
sandwich	**sandwich, smörgås**
sourdough	**surdeg**
toasted bread	**rostat bröd**
toaster	**brödrost**
unsweetened bread	**osötat bröd**

| white flour | **vetemjöl** (white bread **vetebröd**) |
| whole wheat | **fullkorn** (**fullkorn** can also denote any kind of coarsely ground flour) |

Restaurants / Restauranger

Service being included in the price, tipping is not expected, but is appreciated and often done at restaurants serving dinner. In such cases, a standard tip is about 10 percent of the bill, or you can simply round up to the nearest whole sum. Water is not always automatically served, and must sometimes be asked for.

Do you have a table for two?
Har ni ett bord för två?

Can I have a look at the menu / the wine list?
Kan jag få se menyn / vinlistan?

Do you have a menu in English?
Har ni en meny på engelska?

Could we have some…, please?   **Kan vi få… tack?**
  …bread   **…bröd**
  …butter   **…smör**
  …napkins   **…servetter**
  …pepper   **…peppar**
  …salt   **…salt**
  …water   **…vatten**

We are ready to order.
Skulle vi kunna få beställa?

I'll have the…
Jag tar…

Where is the restroom?
Var finns toaletten?

Could we have the check, please?
Får vi betala, tack?

This is not what I ordered.
Detta är inte vad jag beställde.

We are satisfied / not satisfied.
Vi är nöjda / inte nöjda.

Note: You get the attention of a waiter (**servitör** *male* / **servitris** *female*) with a discrete **Ursäkta mig!** Excuse me!

5. SHOPPING

Shops in Sweden are generally open weekdays from 9 or 10 A.M. to 6 P.M. Supermarkets and convenience stores can be open until 8 P.M., or—in major cities—until midnight. On Saturdays, most stores close at 2 P.M. Supermarkets and convenience stores are open later and are generally the only businesses open on Sundays.

Credit cards and ATM / Kreditkort och bankautomat

Credit cards are universally accepted (Visa and MasterCard preferred, American Express sometimes not accepted). Cash withdrawals can be made at virtually any cash machine (look for the logo of your particular card). Some cash machines come with instructions in English (make your choice after having inserted your card), otherwise the routine is:

1) insert card (**Sätt in ditt kort**);
2) press pin code (**Välj kod**), press **OK** or **KLAR**;
3) take your card and your money (**Tag ditt kort / Tag dina pengar**).

The machine sometimes asks you if you want a receipt (**Önskas kvitto? Ja, Nej.** Make your choice and press **OK** or **KLAR**). Sometimes a machine can be out of order (**Tekniskt fel**), or out of cash (**Sedlar slut**). It may also be out of bills of certain values, in which case you will be required to change your desired amount accordingly (Out of... **Slut på... 100-kronorssedlar / 500-kronorssedlar**). The maximum amount you can withdraw ranges from 2000 to 5000 kronor. In the absence of a cash machine, many shops and convenience stores allow cash withdrawals of maximum 500 kronor above the purchase total.

Apart from banks (which usually close at 3 or 4 P.M. and are never open on Saturdays), currency exchange services in some major cities are provided by chains such as **Forex** (black and yellow signs) or **X-Change** (red and white signs), which are open daily and usually located in the downtown area or at the main railway stations.

Swedish money / Svenska pengar

The Swedish currency is the crown (**en krona, 20 kronor**)
1 krona = 100 öre

Coins / **Mynt**:
50 öre
1 krona
5 kronor
10 kronor

Bills / **Sedlar**:
20 kronor
50 kronor
100 kronor
500 kronor
1000 kronor

small change **växelmynt**

Kinds of stores (with examples of major chains) / Exempel på affärer

convenience store	**jourbutik**
department store	**varuhus** (nationwide: **B&W**, Åhléns; Stockholm: **NK, PUB**; Göteborg: Nordstan)
mall	**galleria**
store	**affär, butik, handel**
bakery	**bageri**
bank	**bank** (major banks are **Föreningssparbanken, SE-banken, Handelsbanken, Nordbanken**)
bookstore	**bokhandel** (Akademibokhandeln, Bokia)
café	**café**

camera store	**fotoaffär** (**Expert**, plus a variety of photo shops with quick developing service)
clothing store	**klädaffär** (**Hennes & Mauritz, Lindex, Kapp-Ahl, Dressman**, etc.)
drugstore	**apotek** (for details, see section **6, Health**)
florist	**blomsteraffär**
grocery store	**livsmedelsaffär** (**ICA, Konsum, Hemköp**, etc.)
jewelry dealer	**juvelerare**
pastry shop	**konditori**
record store	**skivhandel**
shoe shop	**skoaffär**
tobacconist	**tobaksaffär** (tobacco, newspapers)
toys	**leksaksaffär**
used bookstore	**antikvariat**

Pressbyrån: National and (sometimes) international press, beverages, candy, tobacco, postcards, stamps, camera film, etc. Blue and yellow sign. National chain.

Notes:
- Swedish crystal (**kristall**) can be found in major department stores, and in home design chains such as **Duka** and **Cervera**.
- Alcoholic beverages are sold exclusively by the State Liquor Store, **Systembolaget** (coll. **Systemet**; the state monopoly on the sale of alcohol and comparatively high taxes are part of a public health policy that aims to keep consumption of alcohol at a low level). Its business hours are weekdays 10 A.M. to 6 P.M., Saturdays 10 A.M. to 2 P.M. (credit cards not accepted).

Sales tax / Mervärdesskatt

Sales tax in Sweden is 25%. It is called **mervärdesskatt** (coll. **moms**) and is generally included in the price, unless it says: "**exkl. moms**" (sales tax not included). Some retailers offer refunds of sales tax for shoppers from outside the European Union (EU). Ask for the tax-free form (**tax-freeblankett**) and have the retailer fill in their part. When you leave Sweden for a destination outside the EU, go to the Tax-free desk at the airport or at the border and present the refund form. You may be asked to show the purchased merchandise (so don't check it with the rest of your luggage if you travel by plane).

Some shopping phrases

Asking for assistance / Be om hjälp

Can you help me?
Kan du / ni hjälpa mig?

I am looking for...
Jag letar efter...

Where is...?
Var är...?

I want...
Jag vill ha...

I would like...
Jag skulle vilja ha...

I do not want...
Jag vill inte ha...

When does it open?
När öppnar den?

When does it close?
När stänger den?

I'm just looking.
Jag ser mig bara omkring.

Possible answers / Möjliga svar

Den varan har vi inte längre.
We don't carry that item anymore.

Vi har det inte i lager.
We don't have that in stock.

Två dagars leveranstid.
Two days delivery time.

Paying / Betala

Where do I pay?
Var betalar jag?

How much is it?
Hur mycket kostar det?

Is that with or without tax?
Är det med eller utan moms?

That is expensive / cheap.
Det är dyrt / billigt.

Can I have a Tax-free form?
Kan jag få en tax-freeblankett?

Is there a guarantee? Is it valid in the USA?
Finns det garanti? Är den giltig i USA?

Can I pay with a credit card?
Kan jag betala med kreditkort?

Do you accept American Express?
Tar ni American Express?

Do you take traveler's checks?
Tar ni resecheckar?

Can I have a receipt?
Kan jag få ett kvitto?

Can you send me an invoice?
Kan ni skicka mig en faktura?

Delivery / Leverans

Can I have this wrapped?
Kan jag få det inslaget?

Can I have this delivered / shipped home?
Kan jag få detta levererat / skickat per post hem?

Shopping for clothes / Shoppa kläder

Where are the fitting rooms?
Var är provrummen?

Can I try this on?
Kan jag få prova denna?

It fits / doesn't fit.
Den passar / passar inte.

Do you have a larger / smaller size?
Har ni en storlek större / mindre?

It's too tight / loose.
Den är för smal / vid.

Do you have anything that would match this?
Har ni något som matchar / passar detta?

Do you have this in other colors?
Har ni denna i andra färger?

What fabric is this?
Vad är detta för kvalitet?

Is this pre-washed?
Är denna förtvättad?

How much will it shrink?
Hur mycket kommer den att krympa?

What temperature should it be washed in?
Vilken temperatur ska den tvättas i?

Clothing styles / Klädsel

casual wear	fritidskläder
formal wear	formell klädsel
jeans	jeans

Men's Clothing / Herr / -avdelning / -konfektion

bow tie	fluga
coat	rock
hat	hatt, mössa
jacket	jacka
long-sleeve	lång ärm
pants	byxor
shirt	skjorta
shorts	kortbyxor
socks	strumpor
suit (two- / three-piece)	kostym (två- / tredelad)
suit jacket	kavaj
tie	slips
underpants	kalsonger
vest	väst

Women's Clothing / Dam / -avdelning / -konfektion

blouse	blus
bra	behå
coat	kappa
dress	klänning
lingerie	damunderkläder
pants	byxor
panty hose	strumpbyxor
scarf	sjal
skirt	kjol
suit	dräkt
underpants	trosor

Sizes / Storlekar

Women's Dresses and Blouses

Scandinavia	36	38	40	42	44	46	48
U.S.	8	10	12	14	16	18	20

Men's Shirts

Scandinavia	36	37	38	39	40	41	42	43
U.S.	14	14.5	15	15.5	15.5	16	16.5	17

Men's Suits and Coats

Scandinavia	46	48	50	52	54	56
U.S.	36	38	40	42	44	46

Women's Shoes

Scandinavia	36	37	38	39	40
U.S.	5	6	7	8	9

Men's Shoes

Scandinavia	40	41	42	43	44
U.S.	6.5	7.5	8.5	9.5	10.5

6. HEALTH

In case of an emergency, call 112. (The number is toll-free and the same regardless of type of phone—see section 7, **Communications and Media**, below).

Notes:
- Regulations for medications differ from country to country. Some drugs sold over the counter in the U.S. require a prescription in Sweden.
- Tap water (**kranvatten**) is safe to drink.

Health insurance / Sjukförsäkring

Make sure **before** your visit that you have valid medical insurance. Pharmacies (**apotek**, green and white signs) are centrally located. Their hours are the same as normal businesses, but there is always one or two, depending on the size of the city, that has extended opening hours.

Calling for medical help / Begära läkarhjälp

ambulance	**ambulans**
dentist	**tandläkare**
doctor	**doktor, läkare**
doctor on call	**jourläkare**
emergency room	**akutmottagning**
gynecologist	**gynekolog**
hospital	**sjukhus, lasarett**
paramedic	**sjukvårdare**
pediatrician	**barnläkare**
surgeon	**kirurg**

Symptoms, injuries and diseases /
Symptom, skador, sjukdomar

I have / He / She has...	Jag / han / hon har...
...arthritis	...ledgångsinflammation
...asthma	...astma
...blood pressure (high / low)	...blodtryck (högt / lågt)
...difficulty breathing	...svårt att andas
...cardiac arrest	...hjärtstillestånd
...cold	...förkylning
...concussion	...hjärnskakning
...constipation	...förstoppning
...cough	...hosta
...cramps	...kramp
...diabetes	...diabetes, sockersjuka
...diarrhea	...diaré
...epilepsy	...epilepsi
...epileptic seizure	...epileptiskt anfall
...fever	...feber high / low fever hög / låg feber (in Centigrade, 37 5 is normal)
...flu	...influensa
...fracture / broken bone	...fraktur / benbrott
...gastric ulcer	...magsår
...headache	...huvudvärk
...heart attack	...hjärtattack / -infarkt
...heart palpitation	...hjärtklappning
...infection	...infektion
...inflammation	...inflammation
...injury	...skada
...measles	...mässling
...mumps	...påssjuka
...nasal congestion	...nästäppa
...pain	...smärta
...pneumonia	...lunginflammation
...scarlet fever	...scharlakansfeber
...sore throat	...halsbränna
...stomach pain	...magont
...sunstroke	...solsting
...toothache	...tandvärk
...been unconscious	...varit medvetslös
...been vomiting / throwing up	...kräkts

Words and phrases / Ord och fraser

blood group	**blodgrupp**
crutches	**kryckor**
drip-feed	**dropp**
hearing aid	**hörapparat**
medical examination	**läkarundersökning**
medication	**medicinering**
pacemaker	**pacemaker**
prescription	**recept**
respirator	**respirator**
wheelchair	**rullstol**

I suffer from...
Jag lider av...

I feel sick.
Jag mår illa.

I'm going to throw up.
Jag vill kräkas.

I've been throwing up all night.
Jag har kräkts hela natten.

It's painful / It hurts.
Det gör ont.

I want a male / female doctor.
Jag vill ha en manlig / kvinnlig läkare.

Is there a doctor who speaks English?
Finns det en engelsktalande läkare?

I can't breathe.
Jag kan inte andas.

He was unconscious for a minute.
Han var medvetslös i en minut.

He fainted.
Han svimmade.

Call an ambulance!
Ring efter ambulans!

In what condition is he?
I vilket tillstånd är han?

Phrases you may hear from a doctor /
Fraser man kan höra från en läkare

Ta ett djupt andetag!
Take a deep breath!

Håll andan!
Hold your breath!

Säg a!
Say ah!

Gör detta ont?
Does this hurt?

Detta kommer att göra lite ont.
This will hurt a bit.

Detta gör inte ont.
This won't hurt.

Var gör det ont?
Where does it hurt?

Klä av dig!
Take off your clothes!

Stå upp!
Stand up!

Ligg ner!
Lie down!

Vi behöver ta röntgenbilder.
We need to take X-rays.

Vi kommer att lägga
  in dig för...
    ...en natt.
    ...observation.

We will check
  you in for...
    ...a night.
    ...observation.

Vi kommer att ta en del prov.
We will do some tests

Denna medicin är receptbelagd.
This medication is available by prescription only.

Ta detta...
    ...en gång om dagen.
    ...två gånger om dagen.
    ...efter maten.
    ...på tom mage.

Take this...
    ...once a day.
    ...twice a day.
    ...after a meal.
    ...on an empty stomach.

Blanda inte med alkohol!
Don't mix with alcohol!

Det är (inte) allvarligt.
It's (not) serious.

The body / Kroppen

ankle	**vrist**
back	**rygg**
breast	**bröst**
chest	**bröstkorg**
ear	**öra**
elbow	**armbåge**
eye	**öga**
face	**ansikte**
foot	**fot**
genitals	**genitalier, könsorgan**
hand	**hand**
head	**huvud**
heart	**hjärta**
hip	**höft**
jaw (lower / upper)	**käke (under- / över-)**
joint	**led**
kidney	**njure**
knee	**knä**

liver	**lever**
lungs	**lungor**
neck	**hals**
nose	**näsa**
penis	**penis**
spine	**ryggrad**
throat	**strupe**
vagina	**vagina**
wrist	**handled**

Allergies / Allergier

allergic reaction	**allergisk reaktion**
hayfever	**hösnuva**

I need allergy medicine.
Jag behöver allergimedicin.

I'm allergic to...	**Jag är allergisk mot...**
...dust.	**...damm.**
...gluten.	**...gluten.**
...nuts.	**...nötter.**
...penicillin.	**...penicillin.**
...perfume.	**...parfym.**
...pollen.	**...pollen.**
...wool.	**...ylle.**

Degrees of seriousness / Tillstånd

benign	**godartad**
critical / stable condition	**kritiskt / stabilt tillstånd**
fatal	**dödlig**
malignant	**elakartad**
mild, slight	**lindrig**
serious, critical	**allvarlig, kritisk**
severe	**svår**

At the gynecologist, obstetrician /
Hos gynekologen, förlossningsläkaren

advanced pregnancy	**långt framskriden graviditet**
amniotic fluid	**fostervatten**
contraceptive	**preventivmedel**
Caesarian / C-section	**kejsarsnitt** (*usually avoided in Sweden unless medically motivated*)
fetal movements	**fosterrörelser**
fetus	**foster**
gynecologist	**gynekolog**
maternity ward	**BB** (*pronounced beh-beh, originally* **barnbördsklinik** childbirth clinic)
menstruation	**menstruation, mens**
miscarriage	**missfall**
obstetrician	**förlossningsläkare**
pregnancy	**graviditet**
pregnant	**gravid**

Hur lång tid har gått sedan din senaste mens?
How long has it been since your last period?

Du är (inte) gravid.
You are (not) pregnant.

She's five months pregnant.
Hon är gravid i femte månaden.

I'm on the pill.
Jag äter p-piller.

I have menstrual cramps.
Jag har menssmärtor.

At the pharmacy / På apoteket

bandage	**bandage, förband**
cough drops	**halstabletter**
headache pills (*such as aspirin*)	**huvudvärkstabletter**
iodine	**jod**

moisturizer	fuktighetsbevarande hudkräm
painkiller	smärtstillande
tissues	pappersnäsdukar
skin lotion	hudkräm
sunblock / suntan lotion	solskyddsmedel

Note: With the exception of prescription drugs, some of the items listed above may also be available in convenience stores or supermarkets.

At the dentist / Hos tandläkaren

anesthesia	bedövning
baby tooth	mjölktand
braces	tandställning
bridge	brygga
cavity	hål
cleaning	putsning
dental check-up	tandkontroll
dental drill	tandläkarborr
dental floss	tandtråd
dental hygienist	tandhygienist
dentist	tandläkare
filling	tandlagning
gums	tandkött
loosening of the teeth	tandlossning
plaque	beläggning
root canal	rotfyllning
tartar	tandsten
tooth / teeth	tand / tänder
toothache	tandvärk
toothbrush	tandborste
toothpaste	tandkräm
wisdom tooth	visdomstand

I would like to schedule a time for a dental check-up.
Jag skulle vilja beställa tid för en kontroll.

Vi måste dra ut den där tanden.
We have to pull out that tooth.

Vi måste borra.

We have to drill.

Vi du ha lokalbedövning?
Do you want local anesthesia?

Öppna munnen!
Open your mouth!

Bit ihop!
Bite down!

Skölj!
Rinse!

Du kan gå nu.
You may go now.

At the optician / Hos optikern

anti-reflective	**antireflex**
astigmatism	**astigmatism**
contact lenses (soft / hard)	**kontaktlinser (mjuka / hårda)**
far-sighted	**översynt**
frames	**bågar**
glasses	**glasögon**
near-sighted	**närsynt**
optician	**optiker**
optometrist	**ögonläkare**
vision	**synskärpa**
vision check-up	**synkontroll**

I would like to schedule a time for a vision check-up.
Jag skulle vilja beställa tid för en synkontroll.

Can I have my frames repaired here?
Kan jag få mina bågar lagade här?

Kan du läsa den här raden?
Can you read this line?

När ser du bäst?
When do you see best?

Note: Vision check-ups in Sweden are most often done by an optician. Although it is possible to have an optometrist do it, the waiting-time is usually longer. There is no significant difference in cost.

7. COMMUNICATIONS & MEDIA

Phones / Telefoner

Phone calls / Telefonsamtal

Most pay phones in Sweden take phone cards (**telefonkort**), which are available in most convenience stores (such as **Pressbyrån**, see section 5, **Shopping** above). Only a few pay phones take coins. If you wish to make an international call, the number must be preceded by the international prefix 00, followed by the appropriate country prefix (for complete list, see the Yellow Pages). Then dial as usual.

Cell phones / Mobiltelefoner

If you have a cell phone and are planning an extended visit, you may want to purchase a prepaid card (**kontantkort**, provided by operators such as Telia, Europolitan and Comviq), which you insert in the place of the SIM-card (see your phone manual). You can purchase these cards in the same stores as phone cards. Also make sure that your particular phone is compatible with the Swedish / European system (see your phone manual). Note that although not yet required by law, it is strongly recommended to use a hands-free set while driving.

When you want to make a long-distance call within Sweden using a cell phone, the number must be preceded by the area code for that number. When making an international call, dial 00 or press +, then follow the same instructions as for regular phones.

Some important country prefixes / Några viktiga landsnummer

Australia	61
Denmark	45
Finland	358
Germany	49
Ireland	353

Emergency calls / Nödsamtal

The number for emergencies is 112 and can be dialed toll-free
from any kind of phone. This number takes you to an operator
at the emergency service center (**Larmcentralen**). There you
state your name, your location, what the problem is, and ask for
appropriate assistance.

ambulance	**ambulans**
fire department	**brandkår**
on-duty clergyman	**jourhavande präst**
poison information	**giftinformation** (*information about possible poisonings and their symptoms*)
police	**polis**

I need an ambulance / the fire department / the police.
Jag behöver en ambulans / brandkåren / polisen.

There has been an accident.
Det har hänt en olycka.

The address is...
Adressen är...

I don't know the address.
Jag kan inte adressen.

Two people are hurt.
Två personer är skadade.

There is a fire on...
Det brinner på...

Phone etiquette

When answering a call, most Swedes state their name or phone number, for example "12 34 56" spelled out as two-digit numbers, or simply "Nilsson." Just answering "hello" or "yes" may take callers by surprise, since they expect a confirmation that they have dialed the right number. The caller is then expected to state his or her name.

May I use the phone?
Kan jag få låna telefonen?

Is Sven Nilsson at home / there?
Är Sven Nilsson hemma / där?

I would like to speak to…
Jag skulle vilja tala med…

When will he / she be back?
När kommer han / hon tillbaka?

Would you like to leave a message?
Vill du / ni lämna ett meddelande?

Can I leave a message?
Kan jag lämna ett meddelande?

Do you have a fax machine?
Har ni en fax?

Can I send / receive a fax here?
Kan jag sända / ta emot fax här?

You have the wrong number.
Ni har fel nummer.

I must have dialed the wrong number.
Jag har nog slagit fel nummer.

Can you connect me to… ?
Kan ni koppla mig till… ?

What's the area code / country prefix for... ?
Vad är riktnumret / landsnumret till... ?

I would like to place a collect call.
Jag vill beställa ett B-samtal.

Directory inquiries	**nummerupplysning** (*a Telia service, call 118 118 for connections within Sweden and 118 119 for foreign connections*)
phone book	**telefonkatalog**
wrong number	**fel nummer**
Yellow Pages	**Gula sidorna** (*also contain general phone-related information in English*)

Answering machines

Most outgoing messages end with the phrase: **Lämna ett meddelande efter signalen / pipet.** (*Leave a message after the tone / beep.*) Some businesses repeat their outgoing message in English.

E-mail and Internet

Internet cafés are found in most cities. Some public libraries (**stadsbibliotek**) also offer free Internet access.

Is there an Internet café here?
Finns det ett internetcafé här?

Is there E-mail access here?
Har ni tillgång till e-post här?

Can I send / receive E-mail here?
Kan jag sända / ta emot e-post här?

Copying services

Unfortunately, there is no equivalent to Kinko's® in Sweden. Some shops offer copying services, but only for limited numbers of copies (unless you manage to negotiate a deal of your own). Copiers can also be found in post offices and public libraries.

Do you have a copy machine?
Har ni en kopieringsapparat?

Can I have some copies made?
Kan jag få göra några kopior?

How much is a copy?
Hur mycket kostar en kopia?

Is there a discount for a certain number of copies?
Finns det en rabatt för ett visst antal kopior?

I need to make... copies.
Jag behöver göra... kopior.

hole punch	**hålslag**
paper clip	**gem**
photocopy	**fotokopia**
stapler	**häftapparat**

Mail

The Swedish postal service is called **Posten** (their logo is a yellow horn and crown on a blue circular background). Post offices are usually open on weekdays from 9 A.M. to 6 P.M. and Saturdays from 10 A.M. to 1 P.M. They offer a wide range of postal services, including selling cardboard boxes of various sizes, sending faxes and making photocopies. In some branches you can buy stamps from stamp machines. Stamps are also sold where postcards are sold (e.g. **Pressbyrån**).

I would like a postcard.
Jag skulle vilja ha ett vykort.

How much is postage to the US...	**Hur mycket kostar portot till USA...**
...for a letter?	**...för ett brev?**
...for a postcard?	**...för ett vykort?**
...for a parcel?	**...för ett paket?**
...that weighs...	**...som väger...**

How long will it take it to get there?
Hur länge tar det för det att komma dit?

I want to send this ..	**Jag vill skicka detta...**
...airmail	**...med flygpost.**
...certified	**...rekommenderat.**
...express.	**...expressbrev.**

Media / Media

International newspapers and magazines are usually available in larger hotels, at **Pressbyrån** (see section 5, **Shopping**), or at any well-stocked tobacconist. Some dailies, such as **Dagens Industri** (the Swedish equivalent to the Wall Street Journal, printed on pink paper), also offer summaries in English. There are no English news broadcasts on Swedish radio or TV. However, public service TV (SVT1 and 2), and the commercial channels (such as TV3 and TV4) subtitle, rather than dub, foreign programs.

The largest morning papers in Sweden are **Dagens nyheter** and **Svenska dagbladet** (located in Stockholm), **Göteborgsposten** (Göteborg), and **Sydsvenska dagbladet** (Malmö). The largest evening papers are **Expressen** and **Aftonbladet**.

8. OTHER SERVICES

At the bank / På banken

Banks usually close at 3 or 4 P.M. and are never open on Saturdays. They provide currency exchange services.

I would like to…	**Jag skulle vilja…**
..make a withdrawal.	**…göra ett uttag.**
…deposit money.	**…sätta in pengar.**
…make a transfer.	**…göra en överföring.**
…open / close an (savings) account.	**…öppna / avsluta ett (spar-) konto.**
…cash in traveler's checks.	**…lösa in resecheckar.**

Har ni legitimation?
Do you have any ID?

At the hairdresser's / Hos frisören

Most hairdressers cater to both women and men. Unless it says **Drop-in** (borrowed from English) in the display window, you must have an appointment. Tipping is not expected.

appointment	**tid**
bangs	**lugg**
crew cut	**snagg**
dandruff	**mjäll**
dry / greasy / normal	**torrt / fett / normalt**
dye	**färga**
hairdresser	**frisör**
hair dryer	**hårtork**
highlights	**slingor**
men's hairdresser	**herrfrisör**
naturally curly hair	**självlockigt hår**
part	**sidbena**
permanent wave	**permanentering**
straight / curly hair	**rakt / lockigt hår**
women's hairdresser	**damfrisör**

Do you also accept men / women?
Klipper ni också herrar / damer?

Is it only by appointment?
Är det bara mot tidsbeställning?

How long will I have to wait?
Hur länge måste jag vänta?

I would like to make	**Jag skulle vilja**
an appointment...	**beställa tid...**
...for a haircut / perm.	**...för en klippning /**
	permanentering.
...for a wash.	**...hårtvätt.**

I want my hair parted at the side.
Jag vill ha sidbena.

Cut it short.
Klipp det kort.

I would like to have my hair dyed.
Jag skulle vilja färga mitt hår.

Which products are you using?
Vilka produkter använder du?

A little mousse, please.
Jag skulle vilja ha lite hårgelé, tack.

Can I see a hair magazine?
Kan jag få titta på en frisyrkatalog?

The water is too hot.
Vattnet är för hett.

Make me beautiful!
Gör mig vacker!

Hide my baldspot!
Dölj flinten!

9. COLORS

The words for colors are treated as adjectives and must agree
with the noun. Here only the en-word variant is listed (see the
grammar, section 2.3)

black	**svart**
blue	**blå**
brown	**brun**
gray	**grå**
green	**grön**
lavender	**lila**
orange	**orange**
pink	**rosa**
purple	**mörklila**
red	**röd**
white	**vit**
yellow	**gul**
dark / light	**mörk- / ljus-** (dark green **mörkgrön**)
checkered	**rutig**
striped	**randig**

10. NUMERALS & NUMBERS

Cardinal numbers / Grundtal

1	en, ett
2	två
3	tre
4	fyra
5	fem
6	sex
7	sju
8	åtta
9	nio
10	tio
11	elva
12	tolv
13	tretton
14	fjorton
15	femton
16	sexton
17	sjutton
18	arton
19	nitton
20	tjugo
21	tjugoett
30	trettio
40	fyrtio
50	femtio
60	sextio
70	sjuttio
80	åttio
90	nittio
100	hundra / ett hundra
200	tvåhundra
500	femhundra
1000	tusen / ett tusen
104	etthundrafyra
328	trehundratjugoåtta
5361	femtusentrehundrasextioett

Ordinal numbers / Ordningstal

first	**första**
second	**andra**
third	**tredje**
fourth	**fjärde**
fifth	**femte**
sixth	**sjätte**
seventh	**sjunde**
eighth	**åttonde**
ninth	**nionde**
tenth	**tionde**
eleventh	**elfte**
twelth	**tolfte**
thirteenth	**trettonde**
fourteenth	**fjortonde**
fifteenth	**femtonde**
sixteenth	**sextonde**
seventeenth	**sjuttonde**
eighteenth	**artonde**
nineteenth	**nittonde**
twentieth	**tjugonde**
twenty-first	**tjugoförsta**
thirtieth	**trettionde**
fortieth	**fyrtionde**
fiftieth	**femtionde**
sixtieth	**sextionde**
seventieth	**sjuttionde**
eightieth	**åttionde**
ninetieth	**nittionde**
hundredth	**hundrade**
(the year) 1963	**år nittonhundrasextiotre**
(the year) 2001	**år tjugohundraett /**
	tvåtusenett
$2 \times 2 = 4$	**två gånger två är fyra**
(two times two equals four)	
¼ (a quarter / a fourth)	**en kvarts / en fjärdedel**
¾ (three quarters)	**trekvarts / tre fjärdedelar**
m² (a square meter)	**en kvadratmeter**

Note: Contrary to American usage, Swedes do not divide groups of thousands with commas. For example, 100,000 is written as 100 000 in Swedish. Swedes also use a comma where Americans use a period. For example, 3.5 is written as 3,5 (**tre komma fem**).

11. TIME

Sweden uses the 24-hour clock. This means that 6:30 A.M. is **klockan 6.30** (**sex och trettio**, six thirty), and 6:30 P.M. **klockan 18.30** (**klockan arton och trettio**, eighteen thirty). When you want to be sure you are stating the time correctly, do it this way.

Colloquially, however, people use the 12-hour clock, adding **på morgonen** (*in the morning*) / **på förmiddagen** (*late morning*) for anything A.M., and **på eftermiddagen** (*in the afternoon*), **på kvällen** (*in the evening*) for anything P.M. Thus, **klockan sex på morgonen** means 6 A.M., and **klockan sex på kvällen** means 6 P.M.

The female gender has survived in **klocka**, for which the pronoun is **hon**.

The correct time is available from the **Fröken Ur** (*Miss Time*), by calling 90 510.

What time is it?
Hur mycket är klockan?

It's six o'clock.
Hon är sex / Klockan är sex.

It's half past six (6:30).
Hon är halv sju (*lit.* half seven).

It's a quarter to six (5:45).
Hon är kvart i sex.

It's a quarter past six (6:15).
Hon är kvart över sex.

It's ten / twenty minutes to six **tio / tjugo minuter i sex**; ten / twenty minutes past six **tio / tjugo minuter över sex**, etc.

12. FREETIME ACTIVITIES

Sports / Sport

basketball	**basket**
bicycle	**cykla**
brannboll	*a game similar to baseball*
crosscountry skiing	**långdåkning**
downhill skiing	**utförsåkning**
hockey	**hockey**
ice-skating	**skridskoåkning** (go ice-skating **åka skridskor**)
running / jogging	**löpa / jogga** (go jogging **jogga en runda**)
skiing	**skidåkning** (go skiing **åka skidor**)
soccer	**fotboll**
swim	**simma**

Where can I...	Var kan jag...
...play basketball?	**...spela basket?**
...see a hockey game?	**...se en hockeymatch?**
...go skiing?	**...åka skidor?**
...see a soccer game?	**...se en fotbollsmatch?**
...go for a swim?	**...simma?**
...play tennis?	**...spela tennis?**

Things to do / Saker att göra

go for a walk	**ta en promenad / promenera**
have a picnic	**ha en picknick**

Note: Consumption of alcohol in public places is permitted in Sweden.

FREETIME ACTIVITIES

go to a museum / gå på museum

When is the museum open?
När är muséet öppet?

Is there a discount for students / seniors?
Har de rabatt för studenter / pensionärer?

go to the movies / the theater / opera / a concert
gå på bio / teater / opera / konsert

How much is a ticket?
Hur mycket kostar en biljett?

Are the seats numbered?
Är platserna numrerade?

When does the show begin?
När börjar föreställningen?

How long is it?
Hur lång är den?

Is the movie subtitled?
Har filmen undertexter?
Note: Only children's movies are dubbed. Otherwise, *all* foreign films are shown in the original language with subtitles.

go to the sauna / gå till bastun / bada bastu

Note: Most public saunas (**bastu**; *sauna* is a Finnish word) have the same house rules:

1) wash before entering the sauna;
2) sit on a towel;
3) don't drink alcohol in the sauna.

There may be other rules depending on what type of sauna it is. For instance, you should not enter a dry sauna while wet. In Stockholm, try **Centralbadet**; in Malmö, try **Ribbersborgs kallbadhus**.

13. WEATHER

cloud / cloudy	**moln / molnigt**
hail	**hagel**
high / low pressure	**hög- / lågtryck**
icy	**isigt**
rain / rainy	**regn / regnigt**
snow	**snö**
sun / sunny	**sol / soligt**

It's raining.
Det regnar.

It's snowing.
Det snöar.

It's sunny.
Det är soligt.

It's cloudy.
Det är molnigt.

What is the forecast for tomorrow?
Vad är väderleksutsikterna för i morgon?

Will it rain?
Kommer det att regna?

Will the sun shine?
Kommer solen att skina?

On which channel can I see the weather forecast?
På vilken kanal kan jag se väderleksrapporten?

(*Answer:* Morning TV on TV1 and TV4 every half-hour from 6:30 to 9:00; at night on TV1 at approx. 7:50, and on TV2 at approx. 9:30.)

14. WEIGHTS AND MEASURES

Weight / Vikt

1 kilogram (1,000 grams) = 2.2 U.S. pounds
100 grams (*also called* **ett hekto**) = 3.5 U.S. ounces

gram	**gram**
kilogram	**kilogram** (*coll.* **kilo**)
ounce	**uns** (*obsolete*)
pound	**pund** (*obsolete*)

Liquid / Flytande

1 liter = 1 U.S. quart + approx. 3 tablespoons
1 deciliter (¹⁄₁₀ liter) = approx. ⅓ cup

1 U.S. gallon = 3.784 liters
1 U.S. pint = 0.4731 liters
1 U.S. quart = 0 95 liter

cup	**kopp**
deciliter	**deciliter** (*abbr.* **dl**)
liter	**liter** (*abbr.* **l**)
tablespoon	**matsked** (*abbr.* **msk**)
teaspoon	**tesked** (*abbr.* **tsk**)

Linear / Linjär

1 kilometer = 0.62 U.S. mile
1 Swedish mile (**mil**) = 10 kilometers, or 6.2 U.S. miles
1 meter = 39.27 inches

1 mile = 1.61 kilometers
1 yard = 91.4 centimeters
1 foot = 0.31 meter
1 inch = 2.54 centimeters

centimeter	**centimeter**
foot	**fot** (*obsolete*)
inch	**tum** (*still used for TVs, e.g.* **28-tums TV** 28-inch TV, *or by carpenters, e.g.* **6-tumsspik** #6 nails. *Otherwise it is obsolete as a unit of measure.*)
kilometer	**kilometer**
meter	**meter**
U.S. mile	**amerikansk mil**

Fahrenheit and Celsius

Formula for converting Fahrenheit to Celsius: $(°F - 32) \times \frac{5}{9} = °C$
Formula for converting Celsius to Fahrenheit: $(°C \times \frac{9}{5}) + 32 = °F$

Note: The Swedish astronomer Anders Celsius (1701–1744) invented the scale of temperature on which water freezes at 0° and boils at 100°. As the Celsius scale is an integrated part of the metric system, the term Celsius, in an international context, is slowly losing ground to the term centigrade. Not so, however, in Sweden.

Handy approximations

5 centimeters = 2 inches
10 centimeters = 4 inches
30 centimeters = 1 foot
10 kilometers = 6 miles (16 kilometers = 10 miles)
0° C = 32° F
A quick rule of thumb: 16 degrees Celsius = 61 degrees Fahrenheit

15. RIGHT OF PUBLIC ACCESS / ALLEMANSRÄTTEN

The right of public access regulates individual use of property owned by another party for recreational purposes. It grants the right to cross (on foot, bicycle, horseback, etc.) and camp on all land that is not cultivated, provided you do not cause any damage. Residential plots, which are defined as the area in the vicinity of a dwelling, are exceptions and may be used only with permission of the owner. For more details, ask for a brochure at border crossings or tourist information offices.

Two websites offer good summaries of this law:

www.sverigeturism.se
www.geonord.org

USER'S GUIDE TO THE DICTIONARY

Gender and plural are indicated by a - and the actual ending:

address -en -er *n.* address = **addressen** the address; **addresser**
addresses

A plural that is identical to the singular is indicated by a Ø:

avsnitt -et Ø section = **avsnittet** the section; **avsnitt** sections

An irregular plural is indicated in italics:

bonde -n *bönder* farmer = **bonden** the farmer; **bönder** farmers

A | separates the word stem from endings:

betal|a *v.* pay; **-ning -en -ar** *n.* payment = **betala** pay; **betalning**
payment; **betalningen** the payment; **betalningar** payments

A ; separates different meanings of a word, and a , separates syn-
onyms.

ange account for; denounce
anse think, believe

SWEDISH-ENGLISH DICTIONARY

A

absolut absolute(ly)
acceptera accept
adjö good-bye
adress -en -er n. address
affär -en -er shop, store
akademisk academic
aktivitet -en -er activity
aktuell current
aldrig never
alldeles quite
allemansrätt -en right of public
    access (*a law regulating public
    access to private property; see
    Phrasebook, section 15*)
allmän public, common
allmänhet -en -er n. public
allt all, everything
alltid always
allvarlig serious
amerikan -en -er n. American
amerikansk adj. American
andas breathe
andning -en -ar breathing
andra other(s)
ange account for; denounce
angelägen anxious
ankomst -en -er arrival (~hall
    ~ hall, ~tid time of ~)
anknytning -en -ar (telefon-)
    extension, connection;
    relation (*family*)
anledning -en -ar n. reason
anlända arrive
annan other
annars or else, otherwise
anse think, believe
ansikte -t -n n. face
anställa employ, hire
anställd -e / -a employee
ansvar -et Ø responsibility,
    -a v. be responsible
antal -et -en amount, sum
anta assume, accept

anteckna write down
anteckning -en -ar n. note
antikvariat -et Ø used bookstore
antingen...eller either...or
använd|a v. use; -ande / -ning n.
    use
apotek -et Ø pharmacy, drugstore
arbeta v. work
arbete -t -n n. work
arbetsgivare -n Ø employer
arbetstillstånd -et Ø work permit
arg angry
arm -en -ar arm (*anat.*)
armé -n -er army
art -en -er species, kind
artik|el -eln -lar article
av of; off
avgift -en -er fee
avgång -en -ar departure (~s /
    hall departure hall; ~stid
    time of departure)
avgöra decide
avsikt -en -er purpose, intention;
    -lig adj. intentional
avsluta v. finish
avslutning -en -ar n. finish
avslöja reveal, disclose
avsnitt -et Ø section
avstånd -et -en distance
avtagsväg -en -ar turnoff,
    side road

B

bad -et Ø bath
bada bathe
badrum -met Ø bathroom
bagage -t Ø luggage
bagageförvaring -en -ar
    checkroom
bageri -et -er bakery
bakifrån from behind
bakom behind
band -et Ø strap

bank -en -er bank
bankautomat -en -er (*sometimes* bankomat) ATM
bara only
barn -et Ø child, children
barnvakt -en -er baby-sitter
bastu -n -r sauna
be ask (*for something*); pray
bedöma v. judge
befolkning -en -ar population
begrava bury
begravning -en -ar burial
begripa understand, comprehend
begräns|a v. limit; -ning n. limit
begåvning -en -ar talent
behandl|a v. treat; -ing -en -ar n. treatment
behov -et Ø n. need
behå -n -ar bra
behöva v need
bekant (en) -a n. acquaintance; *adj.* familiar
bekräfta confirm; vouch for
bekräftelse -n -r confirmation
bekväm comfortable
bekvämlighet -en -er comfort
ben -et Ø bone, leg
bensin -en gas, ~mätare -n Ø fuel gauge, ~pris -et Ø gas price, ~station -en -er gas station
berg -et Ø mountain
bero på depend on (det beror på it depends)
beräkn|a v. estimate, -ing n. estimate
berättelse -n -r story
besked -et Ø message, note
beskriva describe
bestå v last
beställ|a v. order (*comm.*); -ning -en -ar n. order (*comm.*)
bestämma decide
besviken disappointed
besvär -et Ø trouble
besök -et Ø n. visit; -a v. visit
betal|a v. pay, -ning -en -ar n. payment
betjäning -en -ar service

betona v. emphasize, stress
betoning -en -ar n. emphasis, stress
betrakta look at, consider
betyda mean, signify
betydelse -n -r meaning
bevis -et Ø proof, evidence
bib|el -eln -lar bible
bibliotek -et Ø library
bidra till contribute to
bidrag -et Ø contribution
bil -en -ar car
bild -en -er image, picture
biljett -en -er ticket; ~pris -et Ø ticket price
billig cheap
binda -n -or n. sanitary napkin, v. tie
biograf -en -er cinema
biskop -en -ar bishop
bit -en -ar piece
bjuda v. offer
bland|a v. mix; -ning n. mix
bli become
blick -en -ar n. gaze, look, -a v. gaze, look
blixt -en -ar flash (*photo; lightning*)
blod -et Ø blood; ~grupp -en -er blood group
blomm|a -an -or flower
blyertspenn|a -an -or pencil
blå blue
blåsa v. blow
blåsigt windy
bläckpenn|a -an -or pen
bok -en böcker book; -a v. book, make a reservation
bokhand|el -eln -lar bookstore
bolag -et Ø company, firm
bomull -et cotton
bonde -n bönder farmer
bondgård -en -ar farm
bord -et Ø table
borg -en -ar castle
borgerlig civil
borta gone; away
bortse (från) disregard
bostad -en bostäder residence
bott|en -nen -nar bottom
bra good

bred wide
bredvid next to, beside
brev -et Ø letter
brevlåd|a -an -or mailbox
brinna v. intr. burn
bro -n -ar bridge
broder (coll. bror) -n bröder
    brother
brud -en -ar bride
brudgum -men -mar bridegroom
brudpar -et Ø bridal couple
bruk -et Ø usage, custom
bruka v. use
brun brown
bry (sig om) care (about)
branna v. tr. burn
brännvin -et Ø aquavit (usually
    40% proof and comes either
    pure or flavored)
bröd -et Ø bread
bröllop -et Ø wedding
bröst -et Ø chest; breast
buk -en -ar abdomen
burk -en -ar n. can
buss -en -ar bus; ~hållplats -en
    -er bus stop, ~|station -en
    -er bus station
by -n -ar village
bygga build
byggnad -en -er building
byt|a v. change; trade; -e n. change
byxor pl. pants
båda both
båt -en -ar boat
bägge both
bänk -en bänkar bench
bära carry
bor (pres. tense) should (modal
    verb indicating obligation, du
    bör gå you should go)
börja v. begin, start, -n (en) Ø n.
    beginning
böter pl. fine

C

central adj. central
centralstation -en -er main
    railway station

centr|um -et -a center
cigarett -en -er cigarette
cirka approximately, about
cirk|el -eln -lar circle
cyk|el -eln -lar bicycle

D

dag -en -ar day
daghem -met Ø daycare center
dans -en -er n. dance, -a v. dance
data Ø data, information
dator -n -er computer; -isera v.
    computerize
datum -et Ø date
de they
del -en -ar part
delikat delicious
delta participate
delvis partly, in part
den, det it
den- / det- / desamma the same
dessutom furthermore, also
diabetes diabetes
diet -en -er diet (jag håller diet
    I'm on a diet)
diskutera discuss
djup -et Ø n. depth, adj. deep
djur -et Ø animal; ~park -en
    -er zoo
domare -n Ø judge (court);
    referee, umpire (sports)
domkyrk|a -an -or cathedral
domstol -en -ar court of law
dotter -n döttrar daughter
dotterdotter -n dotterdöttrar
    granddaughter (maternal side)
dotterson -en dottersöner
    grandson (maternal side)
dra v. draw
dricka v. drink
dryck -en -er n. drink
dröja v. last, take time
dröm -men -mar dream
drömma v. dream
du you (2nd sing.)
dubbelrum -met Ø double room
dusch -en -ar n. shower; -a v.
    shower

dygn -et Ø 24-hour period (det
    är öppet dygnet runt it's
    open round the clock)
dyr expensive
då then
dålig bad
där there
därför because
därifrån from there
dö die
död -en -ar n. death, adj. dead
döda kill
dölja hide
dörr -en -ar door

E

efter after
eftermiddag -en -ar afternoon
eftersom since, because
egel -n -t adj. own (min egen bil
    my own car, mitt eget hus
    my own house)
ej no, not
elak adj. mean, evil
eld -en -ar fire, light
elda light a fire
elev -en -er pupil
en indet. art. a; one
ena unite
endast only
engagemang -et Ø commitment
engagera hire, employ, enthuse
enhet -en -er unit
enkel simple, uncomplicated,
    ~ biljett one-way ticket
enkelrum -met Ø single room
enkronla -n -or one-crown coin
enligt according to
ensam lonely, lonesome
ensamhet -en -er loneliness
ensamstående single (not married)
enstaka occasional
e-post E-mail
er your(s)
erbjuda v offer
erbjudande -t Ø n. offer
erfaren experienced

erfarenhet -en -er experience
erhålla obtain
erkänna admit, confess;
    recognize (a country)
ersätta replace; compensate
    (financially)
ersättning -en -ar compensation,
    substitution, replacement
Europa Europe
Europarådet European Council
europeisk adj. European
Europeiska Unionen European
    Union (usually referred to as
    the EU)
eventuellt adv. possibly

F

fabrik -en -er factory
fack -et Ø trade union
fader (coll. far) -n fäder father
faktiskt actually
fall -et Ø n. fall (action); case;
    -a v. fall
familj -en -er family
fara -n -or danger
farbror farbrodern farbröder
    uncle (paternal side)
farfader (coll. farfar) -n farfäder
    grandfather (paternal side)
farlig dangerous
farmoder (coll. farmor) -n
    farmödrar grandmother
    (paternal side)
fartyg -et Ø ship
fast adj stuck, conj. although
faster -n fastrar aunt (paternal
    side)
fastna stick; get stuck
fat -et Ø plate
fatta understand
fattig poor
febler -ern -rar fever
fel -et Ø n. mistake, defect,
    adj. wrong
fet adj. fat
fett -et -er n. fat
fika drink coffee, take a coffee
    break

film -en -er film, ~rulle -n -ar roll
of film
fin fine
fing|er -ret -rar finger
finna v find
firm|a -an -or company (business)
fisk -en -ar n. fish; -are -n Ø n.
fisher, -a v. fish
fixa fix, mend
fjäll -et Ø mountain
flagg|a -an -or flag
flera more
flick|a -an -or girl
flod -en -er river
flyg -et Ø flight
flyga v. fly
flygbuss -en -ar airport bus
flygplan -et Ø airplane
flygplats -en -er airport
flyta v. float
flytta v. move
fläsk -et pork
folk -et Ø people, nation
fordon -et Ø vehicle, car
form -en -er n. form, shape,
-a v. shape
formular -et Ø form (that is
filled out)
fort quickly
fortfarande adv. still (det är
fortfarande varmt it's
still hot)
fortsätta continue
fotboll -en -ar soccer, soccer ball
foto -t -n n. photo(graph),
-grafera v. photograph
fotokopi|a -an -or photocopy;
-a v photocopy
framsid|a -an -or front
framåt ahead
fred -en -er peace
fridlyst adj. environmentally
protected animals, plants
or area
frihet -en -er freedom
frisk fit, well (physically)
frisör -en -er hairdresser
frukost -en -ar breakfast
frukt -en -er fruit

frysa freeze
frysbox -en -ar freezer
fråg|a -an -or n. question, v. ask
från from
främmande adj. foreign, alien
främst first, foremost
full full; drunk
fullständig adj. complete
fundera think, ponder
fungera v. function
funktion -en -er n. function
fuska cheat
fylla fill
få v. get, obtain, adj. few
fåg|el -eln -lar bird
fånga v. catch
fält -et Ø field
fängelse -t -r jail, prison
färd -en -er journey
färdig ready
färdbiljett -en -er ticket
färg -en -er color
färga v. dye, color
färsk fresh, recent
föda give birth to
födelse -n -r birth, ~dag -en -ar
birthday
fönst|er -ret Ø window
förare -n Ø driver
förbandslåd|a -an -or first aid kit
förbindelse -n -r connection
förbjuda forbid
förbjud| -en -et ptc. forbidden
(filmen är förbjuden the
movie is forbidden; det är
förbjudet it is forbidden)
fördel -en -ar advantage
före prep. before
förefalla seem, appear
förekomma occur
förena unite
förening -en -ar union, association
föreskrift -en -er requirement,
regulation
(säkerhetsföreskrifter safety
regulations)
föreslå suggest
företag -et Ø company,
enterprise

forfattare -n Ø writer, author
förhandla negotiate
förhandling -en -ar negotiation
forhållande -t -n relation
förklar|a v. explain, -ing -en -ar
   n. explanation
förlora lose
förlust -en -er loss
förlåt sorry, excuse me
förmiddag -en -ar morning
förnya renew
förort -en -er suburb
förr before
förr| -a (*feminine ending*) -e
   (*masculine ending*) adj. former
förrän until, not until
församling -en -ar congregation
försening -en -ar delay
försiktig careful
förslag -et Ø suggestion
först first
förstå understand
försvar -et Ø defense, -a v. defend
försvinna disappear
forsäkring -en -ar insurance
försöka try
fortjäna deserve
föräld|er -ern -rar parent
förändring -en -ar n. change

G

galen crazy
Gamla stan Old Town (*in
   Stockholm*)
gammal old
ganska rather, fairly
gapa open one's mouth, gape
   (gapa av förvåning gape
   in surprise)
garderob -en -er wardrobe
gardin -en -er curtain
gas|a v. give gas (*accelerate*),
   ~pedal -en -er gas pedal
gat|a -an -or street
gatukorsning -en -ar junction
ge / giva give
gemensam common, mutual

genast at once
genom through
gift -et -er n. poison; *ptc.* married
gifta sig marry, get married
gilla v. like
giss|a v. guess; -ning -en -ar n.
   guess
givande rewarding
givetvis naturally, of course
glad happy
glas -et pl. glass
glass -en -ar ice cream
glasögon -en pl. glasses,
   spectacles; ~bågar pl. frames
glädja make happy
glädje -n -r happiness
glömma forget
god good
golv -et Ø floor
grad -en -er degree, level; grade
   (*military rank*)
grann|e -en -ar neighbor
gratis free, gratis
grej -en -er thing
grepp -et Ø grip
grund -et Ø n. ground (gå på
   grund run aground), -en -er
   n. basis, cause, reason, adj.
   shallow
grupp -en -er group
grusväg -en -ar dirt road
grym cruel
gryt|a -an -or pot
grädde -t cream
gränd -en -er alley
gräns -en -er border
gräs -et Ø grass
grönsaker pl. vegetables
gud -en -ar n. god; -omlig adj.
   divine
gyllene golden
gymnasi|um -et -er high school
gå v. walk
gång -en -ar walk, time, occasion
   (en gång one time / once)
gård -en -ar farm
gälla be valid, apply
gäng -et -en gang

garna adv. gladly (**jag gör det gärna** I'd be happy to do it)
gök -en -ar cuckoo bird
gömma hide
göra do, make

H

ha have
hak|a -an -or chin
hal slippery, icy
hall -en -ar hall
halv adj. half
halv|a -an -or n. half
hamn -en -ar harbor, port
hamna end up
han he
hand -en *händer* hand
handla act, do something, shop
handling -en -ar action; plot
hastighet -en -er speed, ~s|begränsning -en -ar speed limit
hat -et Ø n. hatred, hate; -a v. hate
hatt -en -ar hat
hav -et Ø sea, ocean
hej hello, hi
hela v. heal, cure; adj. whole
helg -en -er holiday; weekend
heller neither (**inte jag heller** me neither)
hellre... än rather... than (**hellre du än jag** better you than me)
hem -met Ø home
hemland -et *hemländer* homeland
hemlig secret
hemlängtan homesickness (**jag har hemlängtan** I am homesick)
hemsk awful, horrible
henne her
herr|e -en -ar man, master, lord (**Herren vår Gud** The Lord our God)
heta be called (**vad heter du?** what is your name?)

hind|er -ret Ø n. obstacle; hurdle (*sport*), -ra v. stop
hinna catch, have time to (**hinna bussen** catch the bus)
hiss -en -ar elevator
histori|a -en -er n. history; story; -sk adj. historical
hit here (*direction*)
hitta find
hittegodsavdelning -en -ar lost and found
hittills so far
hjälp -en Ø n. help
hjälpa v. help
hjärt| -at -an heart, ~attack -en -er ~attack, ~svikt ~ failure
hjärtlig cordial
hon she
honom him
hosta -n n.cough; v. cough
hota threaten
hotell -et Ø hotel
hund -en -ar dog, hound
hundra hundred
hundralapp -en -ar one-hundred-crown bill
hungrig hungry
hur how
hus -et Ø house
husmanskost -en -er traditional food
hustru -n -r wife
huvud -et Ø head; ~sak -en -er the main thing
huvudstad -en ~städer capital (*of a country*)
huvudvärk -en -ar headache
hyr|a -an -or n. rent, v. rent
hyreslägenhet -en -er rental apartment (*as opposed to* insatslägenhet condominium)
hål -et Ø hole, cavity
hålla hold
hår -et Ø hair
hård hard
häl -en -ar heel
häls|a -an -or n. health, v. greet
hälsosam healthy, sound

härlig lovely, wonderful

häromdagen the other day

hamta fetch, pick up

hända happen

händelse -n -r event

hänga v. hang, -re -n Ø n. hanger

hänsyn -en Ø consideration, concern

hänsynslös ruthless

här here (location)

häst -en -ar horse

höft -en -ar hip

hög -en -ar n. pile, adj. high

hoger right (as opposed to left)

hogljudd loud

hogskol|a -an -or college, institution of higher education without university status (not to be confused with gymnasium high school)

högtalare -n Ø loudspeaker

högtid -en -er celebration

höj|la v. raise, increase; -ning -en -ar n. rise, increase

höjd -en -er height

hör|a v. hear; -sel n. hearing, ~apparat -en -er n. hearing aid

höst -en -ar fall, autumn

I

i prep. in

ibland sometimes

idag today

id|é -én -er idea

idrott -en -er sport

ifall in case

igen again

igenom through

igår yesterday

ihjäl to death (slå ihjäl beat to death, kill)

ihop together

ihållande constant

illa bad

imponer|a (på) v. impress, -ande adj. impressive

in prep. (indicating direction) inside (kom in come in)

individ -en -er n. individual, -uell adj. individual

industri -n -er industry

inflytande -t -n n. influence

information -en -er information

inför prep. in front of, before

införa introduce; bring into (införa i landet bring into the country)

ing|en -a nobody

ingenting / inget nothing

ingift(a) in-law(s)

ingå be included in, be a part of

ingång -en -ar entrance

inköp -et Ø purchase

inled|la v. introduce, -ning -en -ar n. introduction

innan conj. before (innan han kommer before he comes)

inne adv. inside

innebära mean, imply

innehåll -et Ø n. content; -a v. contain

inomhus adv. indoors

inre inner

insats -en -er stakes, deposit; effort, contribution

insatslägenhet -en -er condominium (as opposed to hyreslägenhet rental apartment)

inse understand

insid|la -an -or interior, inside

inslag -et Ø feature, element

institution -en -er institute; institution

inställa cancel

inställning -en -ar position, attitude, setting

inta conquer, take

inte not

intelligens -en -er intelligence

intellektuell -e -a n. intellectual; adj. intellectual

internationell international

intress|le -et -en n. interest; -ant adj. interesting

intryck -et Ø impression
inträde -t -n entrance fee
inträffa happen
invandr|are -aren Ø immigrant,
    -ing -en -ar immigration
invånare -n Ø inhabitant
is -en -ar ice; **-kub** -en -er ice cube

J

ja yes
jag I
jaga hunt, chase
jobb -et Ø n. job, work, **-a** v.
    work, **-ig** adj. troublesome,
    difficult
jogga jog
jord -en -ar earth, ground, dirt,
    Jorden Planet Earth
jordbruk -et Ø farming,
    agriculture
jordgubb|e -en -ar strawberry
jordning -en -ar (elec.) grounding
jordnöt -en -nötter peanut
jordnötssmör -et -en peanutbutter
jourbutik -en -er convenience
    store
journalist -en -er journalist,
    reporter
just right (**just nu** right now; **just
    det** exactly)
jämför|a v. compare; **-else** -n -r n.
    comparison
jämn adj. even, smooth
jämt always, constantly

K

kall cold
kalla v. call, name
kamp -en -er struggle, fight
kanske maybe
kapit|el -let Ø chapter
kasta throw
kemtvätt -en -ar dry cleaner
kilo -t -n kilo
kjol -en -ar skirt

klar adj. clear; ready, done
klara v. manage (**jag klarar det**
    I'll manage it)
klass -en -er class
klä (på sig) dress, put clothes on
klädaffär -en -er clothing store
kläder pl. clothes
komma come
kommun -en -er municipality
konditori -t -er pastry shop
konst -en -er art (the plural
    konster usually means tricks:
    inga konster! no tricks!)
konstgjord artificial
konstig strange, odd
konstnär -en -er artist
kontakt -en -er contact
kontinuerlig adj. continuous
kopi|a -an -or copy
korsning -en -ar intersection,
    crossing
kort -et Ø n. card; photo; adj.
    short
kost -en -er diet, type of food
kosta v. cost
kostnad -en -er n. cost, expense
kraft -en -er power, strength,
    force, **-ig** adj. powerful
krets -en -ar circle
kreditkort -et Ø credit card
krig -et Ø war
kritik -en critique
kron|a -an -or crown (also the
    Swedish currency)
kropp -en -ar body
kräva v. demand
kultur -en -er culture
kund -en -er customer
kung -en -ar king
kunna v. know, be able to (**kan
    du svenska?** do you know
    Swedish? **ja, det kan jag** yes,
    I can)
kunskap -en -er knowledge
kupé -n -er train compartment
kurs -en -er course (direction),
    course (educational program),
    rate (exchange)

kusin -en -er cousin

kust -en -er coast

kvalitet -en -er quality, fabric

kvantitet -en -er quantity, amount

kvar (~lämnad) ptc. left behind
(det lämnades kvar it was
left behind)

kvinn|a -an -or woman

kväll -en -ar evening, night (in
Swedish usage, kväll usually
denotes the time from 6 P.M. to
midnight, whereas natt night is
reserved for after bedtime)

kvällsmat -en supper, evening
meal

kväva choke

kyrk|a -an -or church

kämpa v. struggle, fight

känd adj. known

känna v. feel, sense (känna på
sig have a feeling), know
(känner du honom? do
you know him?), känna till
know about

känsl|a -an -or n. feeling,
emotion, -ig adj sensitive (en
känslig person a sensitive
person); delicate (en känslig
affär a delicate matter)

känslosam adj. emotional

kärlek -en -ar love

kärnkraft -en -er nuclear power

kö -n -er n. line (of people), -a v.
stand in line

kök -et Ø kitchen, cuisine

kön -et -en gender; genitals

köpa v. buy, purchase

kor -en -er choir

köra v. drive

körkort -et Ø driver's license

L

lag -en -ar law; -et Ø team

lagom just right (e.g. lagom
varmt just the right
temperature)

land -et länder country

landskap -et -en landscape

led -en -er path; joint

leda v. lead

ledning -en -ar wire, leadership

ledsen sorry

leva v. live

lev|er -ern -rar liver

leverer|a v. deliver, -ans n. delivery

lid|a v. suffer, -ande n. suffering

ligga lie (ligga still lie still)

liggvagn -en -ar couchette car

lik|a adj. alike; -het -en -er n.
similarity, likeness; -na v.
look like

lillebror little brother

lillasyster little sister

linje -n -er line

lite a little

liten small, little

litteratur -en -er literature

liv -et Ø life

livsmedelaffär -en -er grocery
store

ljud -et Ø n. sound

ljuga v. lie (tell a lie)

ljus -et Ø n. light

locka attract

lokal -en -er n. place; adj. local

lova v. promise

luft -en Ø air

lyck|a -an -or n. happiness; -as v.
succeed, -lig adj. happy, glad

lysa v. shine

lyssna listen

låg low

lån -et Ø n. loan; -a v. borrow,
lend

lång long (han är en lång man
he is a tall man)

lås -et Ø n. lock; -a v. lock (låsa
upp unlock)

låta v. sound (det låter bra that
sounds good)

läge position, site

lägenhet -en -er apartment

läka heal

läkare -n Ø medical doctor,
physician

lämplig suitable, apt

län -et Ø county

länge long (**hur länge?** how long?
   länge sedana a long time ago)

längs along(side)

lära teach; ~ **sig** learn, study

lärare -n Ø teacher

läsa read, study

latt easy, light (*weight*)

löfte -t -en promise

lögn -en -er lie

lön -en -er salary, wage, reward

lösa solve

lösning -en -ar solution

M

mag|e -en -ar stomach, belly

majoritet -en -er majority

makt -en -er power, force

malm -en -er ore (*mineral*)

mamm|a -an -or mother, mom

mammaledighet -en -er
   maternity leave

man -nen **män** man, male

manlig masculine, male

mark -en -er ground, land

marknad -en -er *n.* market, -s|föra
   v. market

maskin -en -er machine

mass|a -an -or mass, crowd
   (**folkmassa** crowd of
   people), pulp

mat -en Ø food, ~**smältning** -en
   -ar digestion (**smälta maten**
   digest the food)

material -et Ø material, fabric

matsked -en -ar tablespoon

med with

medan while

meddela inform, convey a
   message

medeltid -en -er *n.* Middle Ages,
   -a *adj.* medieval

medelålders middle-aged

medföra entail, have as a
   consequence

med|el -let Ø means; agent
   (**kemiskt medel** chemical
   agent)

medge admit

medicin -en -er medicine

medlem -en -mar member

medvetande -t *n.* awareness,
   consciousness

medveten om aware of

medvetslös *adj.* unconscious,
   -het -en *n.* unconsciousness

mellan between

men but

mening -en -ar meaning,
   significance; sentence

menstruation (*coll.* mens) period
   (*menstruation*)

mer more

metall -en -er metal

meter -n Ø meter

middag -en -ar dinner; ~s|tid
   at noon

midsommar -en **midsomrar** mid-
   summer (*last Friday in June*)

mig me

mil -en Ø mile (*Note: one Swedish
   mile equals ten kilometers = 6.2
   U.S. miles*)

mild mild

militär -en -er *n.* military; soldier;
   adj. military

miljon -en -er million

miljö -n -er environment

min / mitt my, mine

minnas remember

minne -t -n memory

minska diminish, decrease

minut -en -er minute

missnöjd dissatisfied

mjölk -en milk

modell -en -er model

moder (*coll.* mor) -n **mödrar**
   mother

morbror morbrodern **morbröder**
   uncle (*maternal side*)

morfader (*coll.* morfar) -n
   morfäder grandfather
   (*maternal side*)

morgon -en **morgnar** morning

mormoder (*coll.* mormor) -n *mormödrar* grandmother (*maternal side*)

moster -n *mostrar* aunt (*maternal side*)

mot against; towards

motivera motivate

motstånd -et Ø resistance

mun -nen -nar mouth

mus 1) -en *möss* mouse 2) -en -ar computer mouse

mus|eum -eet -éer museum

musik -en -er music, -er -n Ø musician

musk|el -eln -ler muscle

mycket much, a lot

myndighet -en -er authority

mynt -et Ø coin

myr|a -an -or ant

må may, feel (hur mår du? how do you feel? må bra feel good, må illa feel sick)

mål -et Ø goal, court case

mål|a v. paint, -ning -en -ar n. painting

månad -en -er month, ~s|kort -et Ø monthly pass (*rail, bus, etc.*)

mäktig powerful, forceful

mängd -en -er mass, quantity

människ|a -an human being, person, man, -or pl. people pl.

mänsklig human

märke -t -n brand, mark

märklig strange, odd

mäss|a -an -or mass

möb|el -eln -ler furniture

möjlig possible

monst|er -ret Ø pattern; ~student ideal student

mörk dark

mörk|er -ret Ø darkness

möss|a -an -or cap, hat

möt|a v. meet, -ande adj oncoming (mötande trafik oncoming traffic)

mote -t -n meeting

N

namn -et Ø name

nation -en -er nation (*state*); -ell adj. national

natt -en *nätter* night (*see* kväll)

natur -en -er n. nature, -lig adj. natural

naturligtvis naturally

ned / ner (dir.) down

nere (loc.) down

nervös nervous

nej no

neka deny

neutral neutral

ni you (*2nd pl.*)

nivå -n -er level

njuta (av) enjoy

noggrann careful, meticulous

nord- north, northern (Nordsverige Northern Sweden, Nordpolen North Pole)

norr / norra northern (norrsken -et Ø northern lights, aurora borealis)

notera note down

nu now

num|mer -ret Ø number

ny new; recent

nyck|el -eln -lar key

nyhet -en -er novelty; nyheter pl. news (*media*)

nykter sober

nyligen recently

nyttig adj. nutritious

nå reach

någon somebody

någonsin ever

någonting something

nämna v. mention

när when

nära adj. near, close; v. nourish, feed

närbutik -en -er convenience store

i närheten in the neighborhood

näring -en -ar nutrition

näringsliv -et Ø business world, industry

näringsrik nutritious

nödvändig *adj.* necessary, **-het -en -er** *n.* necessity

nöjd satisfied, content

O

obehaglig unpleasant

obehörig unauthorized

också too, also

offentlig public

offler -ret Ø *n.* victim, sacrifice, **-ra** *v.* sacrifice

officiell official

ogift single (*not married*)

okänd unknown

ombord onboard

omedelbart immediately

omkring about, approximately

område -t -n area

omöjlig impossible

ond *adj.* evil, **-ska -an** *n.* evil

optiker -n Ø optician

ord -et Ø word

ord|bok -en ~böcker dictionary, **~följd -en -er** word order, **~förråd -et Ø** vocabulary

ordförande -n Ø chairman

ordn|a *v.* arrange, **-ing -en -ar** *n.* order (*state*)

organisation -en -er *n.* organization

organisera *v.* organize

orsak -en -er *n.* cause, reason, **-a** *v.* cause

ort -en -er place

otur -en bad luck

otäck terrible, nasty

oväntad unexpected

P

packa *v.* pack

paket -et Ø package

papp|a -an -or father, dad

papp|er -ret Ø paper

par -et Ø pair, couple

parti -et -er party (*political*); game (*of chess*)

pass -et Ø passport; pass (*mountain*)

passa fit (**handsken passar** the glove fits), suit (**det passar dig** it suits you); watch, keep an eye on

passera *v.* pass

patient -en -er patient

peka *v.* point (**peka ut / på** point out / at)

pekfingler -ret -rar index finger

pendla commute

pendel (~buss / ~tåg) commuter (bus / train)

pengar *pl.* money

perrong -en -er platform (*railway*)

personnummer personal (identity) number (*similar to the American Social Security Number*)

person|al -en -er *n.* staff, **-lig** *adj.* personal

pjäs -en -er play (*drama*); piece (*in chess*)

placera *v.* place, put

plan -en -er plan; **-et Ø** airplane; level

planera *v.* plan

planet -en -er planet

plast -en -er plastic

platt *adj.* flat

plötsligt suddenly

pojk|e -en -ar boy

polis -en -er police

politik -en -er politics; **-er -n Ø** politician

port -en -ar front door, gate

post -en -er post, mail; **~kontor -et Ø** post office (*coll.* **posten**); **~låda -an -or** mailbox

potatis -en -ar potato

poäng -en Ø point (**de leder med tre poäng** they're leading by three points), **-en -er** point, idea (**vad är poängen?** what is the point?)

poängställning -en -ar score
praktik -en -er practice;
    internship, -ant *n.* intern
praktisk practical
prata talk, speak
precis *adj.* precise; *adv.* precisely,
    -era *v.* specify, be specific
present -en -er gift, present
presentera introduce
press -en press (*media*)
pris -et -er prize, award, price
privat private
problem -et Ø *n.* problem, -atisk
    adj. problematic
procent -en Ø percent; ~tal -et Ø
    percentage
producera produce
produkt -en -er product,
    outcome
produktion -en -er production
program -met Ø program
promenad -en -er walk (gå en
    promenad go for a walk)
promenera *v.* walk
prov -et Ø test, sample,
    ~anställning -en -ar trial
    period of employment,
    ~rum -met Ø fitting room
prägla coin, characterize
präst -en -er priest, minister
    (*refers to both Catholic and
    Protestant clergy*)
pröva test, try
publicera publish
publik -en -er audience
punkt -en -er period
    (*punctuation*), point (*on
    the map*)
punktering -en -ar flat tire
på *prep.* on
pågå happen, go on (vad pågår
    här? what is going on /
    happening here?)
påminn|a *v.* remind, -else -n -r *n.*
    reminder
påsk -en -ar Easter
påstå say, maintain, claim
påtår refill of coffee
påverkan (en) *n.* influence

pärm -en -ar binder
päron -et Ø pear

R

rad -en -er line, row
rak *adj.* straight
raka (sig) shave
ram -en -ar frame
ramla *v.* fall
randig striped
ratt -en -ar steering wheel
reagera react
recept -et Ø recipe (*food*);
    prescription (*medication*)
redan already
redo prepared, standing by, ready
    (alltid redo always ready)
reg|el -eln -ler rule, regulation
reger|a *v.* rule; -ing -en -ar *n.*
    government
regn -et Ø *n.* rain
regna *v.* rain
religiös religious
ren -en -ar *n.* reindeer, *adj.* clean,
    pure, washed
renat aquavit (*unflavored*)
rensa *v.* clean (out), clear
representant -en -er *n.* represen-
    tative
representera *v.* represent
resa -an -or *n.* travel, journey, *v.*
    travel
resecheck -en -ar traveler's check
resonemang -et Ø argument,
    train of thought, reasoning
resonera argue, reason
rest -en -er rest (resten är
    historia the rest is history)
restaurang -en -er restaurant
resultat -et Ø result
rik rich
rike -t -n kingdom
Riksdagen the Swedish
    Parliament
riksdagsledamot -en -er member
    of parliament
riktning -en -ar direction

rimlig reasonable

ring -en -ar ring, band

ringvag -en -ar beltway

rinna run (**rinnande vatten** running water)

ris -et rice

risk -en -er risk, danger

riskera v. (put at) risk, jeopardize

rita v. draw

ro -n peace, calm

roa amuse, entertain

rod|er -ret Ø rudder

rodna blush

rolig adj. fun

roll -en -er role

roman -en -er n. novel

rop -et Ø n. yell, cry, **-a** v. yell, cry, shout

rubrik -en -er headline

rulla v. roll

rulle reel, roll

rulltrappa -an -or escalator

rum -met Ø room; space

rund adj. round

rund|a -an -or n. tour

rutig checkered

rutt -en -er route

rygg -en -ar back, **-ont** backpain, **~rad -en -er** spine

rykte -t -n reputation, rumor

rymd -en -er space, universe

råd -et Ø n. advice, council; **-a** v. (give) advice

rån n. robbery, **-a** v. rob, mug

räcka last, be enough (**det ska räcka en månad** it will last a month)

räcke -t -n railing

radd afraid, scared

rädda save, rescue

räkna v. count

räkning -en -ar bill

rätt -en -er n. court of law, right (*privilege*), course, dish, adj. right, correct

rätta v. correct

röd red

rök -en -ar n. smoke, **-a** v. smoke (**rökning förbjuden** no smoking)

röra -n -or n. mess; v. touch (**var god rör ej!** please do not touch!)

rörd ptc. touched, moved (**han var djupt rörd** he was deeply moved)

rörelse -n -r movement (**folkrörelse** popular movement); motion, gesture; emotion, business, enterprise

röst -en -er n. voice; vote

rösta v. vote

S

saft -en -er juice

sak -en -er thing

sakna v. miss

salt -et -er salt

samarbeta cooperate

samarbete -t -n cooperation

samband -et -en connection, link

samb|o -on -or live-in partner (*formed from* **sammanboende** living together)

same -n -er Sami, Lapp (*Note.* **lapp** *exists in Swedish, but* **same** *has become the preferred term*)

samhälle -t -n society, community

samla collect, gather

samtal -et -en conversation

samtala have a conversation

samtidigt at the same time, simultaneously

samtliga all, every

sann adj. true, **-ing -en -ar** n. truth

sannolikhet -en -er probability

satsa v. bet

se see, watch

sedan since; then

sed|el -eln -lar bill (*money*)

sekreterare -n Ø secretary

sekund -en -er second

semest|er -ern -rar holiday

sen adj. late

sex -et sex

sida **-n** -or side
siffra **-n** -or number, figure
sill **-en** -ar herring
simma v. swim
sist adj. last (in order)
sitt|a v. sit; ~platsbiljett **-en** -er
n. seat reservation
sjuk sick, ill
sjukdom **-en** -ar illness, disease
sjukförsäkring **-en** -ar medical
insurance
sjukhus **-et** Ø hospital
sjukskötersk|a **-an** -or nurse
sjunga sing
sjunka v. sink
själv pron., pref. self (jag sjalv
myself, självbetjäning
self-service)
självklar evident, obvious
sjo **-n** -ar lake
ska v. shall, will
skad|a **-an** -or n. injury, damage,
v hurt, injure, damage
skaffa get, acquire
skap|a v. create, **-else -n** -r n.
creation
skatt **-en** -er tax, treasure
ske happen, occur
skicka send
skid|a **-an** -or ski (åka skidor
go skiing)
skildr|a v. depict, **-ing -en** -ar n.
depiction
skilja v. separate
skillnad **-en** -er difference
skink|a **-an** -or ham
skita i not give a damn about
(det skiter jag i I don't give a
damn about that)
skivaffär **-en** -er record store
skjort|a **-an** -or shirt
skjuta v. shoot; skjuta på push
sko **-n** -r shoe, ~snöre **-t** -n
shoelace
skog **-en** -ar forest, woods
skoj **-et** Ø fun
skol|a **-an** -or school
skott **-et** Ø shot
skridsko **-n** -r n. ice skate (åka
skridskor go ice-skating)

skrika v. yell, cry
skriva write
skuld **-en** -er debt; fault (det är
min skuld it's my fault)
skull sake (för min skull for
my sake)
skydd **-et** Ø n. protection, cover;
-a v. protect, cover
skylt **-en** -ar sign (vägskylt road
sign)
skäl **-et** Ø reason, cause
skär pink
skära v cut
skargård **-en** -ar archipelago
skön beautiful, comfortable
sköta look after, take care of, nurse
slag **-et** -en hit; battle; sort,
kind (ett slags kaffe a
kind of coffee)
slippa be excused from (jag
slipper helst I'd rather not)
slita wear out
slott **-et** -en castle
slut **-et** -en n. end, finish; -a v.
quit, finish, **-ligen** adv. even-
tually, finally
slå hit (han slår hårt he
hits hard), dial (slå 112
till polisen dial 112 for
the police)
släkt **-en** -er family; **-ing -en**
-ar relative
släppa let go
slätt **-en** -er plain (geogr.)
smak **-en** -er n. taste, flavor;
-a v. taste
smal thin
små pl. small, little
smärt|a **-an** -or pain
smör **-et** butter (saltat / osaltat
smör salted / unsalted ~)
smörgås **-en** -ar sandwich; ~bord
-et Ø smorgasbord
snabb fast, quick
snaps **-en** -ar a shot (of aquavit
or vodka)
snart soon
snyfta v. sob
sock|er -ret sugar

---

sol -en -ar sun
solsken -et Ø sunshine
som which, that
sommar -en *somrar* summer;
    ~lov -et Ø summer vacation
son -en *söner* son
sonson -en *sonsöner* grandson
    (*paternal side*)
sondotter -n *sondöttrar*
    granddaughter (*paternal side*)
sopp|a -an -or soup
sorg -en -er *n.* sorrow, mourning,
    -lig *adj.* sad, mournful,
    -sen sad
sort -en -er sort, kind
sortera sort, bring into order
sova sleep
sovrum -met Ø bedroom
sovvagn -en -ar sleeping car
spel -et -en *n.* game, acting; play;
    -a *v.* play; act
spelare -n Ø player
spets -en -ar tip, point; lace
springa *v.* run
sprit -en -er alcohol
språk -et -en language
spy vomit, throw up
spår -et Ø *n.* track, trace; -a *v.*
    track, trace
spännande exciting
stad -en *städer* town, city
stanna stay (stanna över
    natten stay the night), stop
    (stanna vid signalen stop at
    the signal)
stark strong
starta *v.* start
stat -en -er *n.* state, -lig *adj.*
    state (statlig egendom
    state property)
steg -et Ø step
stek|a *v.* fry; ~pann|a -an -or *n.*
    frying pan
sten -en -ar stone
sticka go away, get lost (stick!
    get lost!), sting (getingen
    sticker the wasp stings)
stig -en -ar path
stiga ascend, stiga in / out step
    inside / outside

stil -en -ar style
stilla *adj.* quiet
stjärn|a -an -or star
stol -en -ar chair
stoppa *v.* stop; stuff
stor big, large, great
storasyster big sister
storebror big brother
strand -en *stränder* beach
strax soon, in a moment
strid -en -er *n.* fight, combat,
    -a *v.* fight
strump|a -an -or sock
strumpbyxor *pl.* panty hose
strunta i not care about
    (det struntar jag i I don't
    care about that)
sträck|a -an -or *n.* stretch of road,
    distance; *v.* stretch
student -en -er student
studera *v.* study
studi|um -et -er study
stug|a -an -or cottage
stund -en -er a while (stanna en
    stund stay for a while)
stycke -t -n piece
styra *v.* steer
styrelse -n -r board
styrk|a -an -or strength, force
styv- (~son / ~dotter) step-
    (son / daughter)
stå *v.* stand (stå upp / stilla
    stand up / still)
städa *v.* clean
ställa put
ställning -en -ar position
stämning -en -ar atmosphere;
    lawsuit
stänga *v.* close
stöd -et Ø support
stödja *v.* support
störa disturb
svamp -en -ar mushroom
svar -et Ø *n.* answer, -a *v.* answer
svart black
svarta pengar illegal (*lit.* black)
    money
svart|arbete / ~jobb illegal work
    (*untaxed income*)

svartsjuk jealous
svordom -en -ar curse, swearword
svåg|er -ern -rar brother-in-law
svår *adj.* difficult; -ighet -en -er *n.* difficulty
svägersk|a -an -or sister-in-law
sväng -en -ar *n.* turn, bend, -a *v.* turn (**sväng till höger / vänster!** turn right / left!)
svara *v.* curse, swear (**svära en ed** take an oath)
svärfar svärfadern *svärfäder* father-in-law
svärmor svärmodern *svärmödrar* mother-in-law
svärson -en *svärsöner* son-in-law
sy sew
syn -en -er sight, vision
synd -en -er *n.* sin; shame (**det är synd** it's a shame / pity)
synlig visible
syskon -et -en sibling
syst|er -ern -rar sister
Systembolaget -et -en state liquor store
så so
så småningom in time
sådan such
sång -en -er song
säga say
säker *adj.* sure (**säkert!** sure!); safe; -het -en -er *n* safety; security
sälja sell
sällan seldom
sällskap -et Ø company (*group of people*), party
sällskapsdjur -et Ø pet
säng -en -ar bed
sarskild particular
sätt -et Ø way, method (**på vilket sätt?** in what way?)
sätta put, **sätta sig** sit down
söder south, södra, syd-southern
söka seek, look for
sönder broken

söt sweet; cute
sötningsmed|el -let Ø sweetener

T

ta take
tack thank you
tacka thank
tag -et moment, while (**vänta ett tag!** wait a moment!)
tak -et Ø roof, ceiling
tal -et Ø *n.* speech, -a *v.* speak, talk
tam tame, domesticated
tand -en *tänder* tooth
tandborst|e -en -ar toothbrush
tandförsäkring -en -ar dental insurance
tandkräm -en -er toothpaste
tandläkare -n Ø dentist
tanka fill up (*with gas*)
tank|e -en -ar thought
tavl|a -an -or painting
te -et -er tea
teat|er -ern -rar theater
teck|en -net Ø sign; gesture
telefon -en -er telephone (~katalog -en -er ~ book, ~hytt -en -er ~ booth; ~kort -et Ø ~ card)
telefonera call on the phone
television -en -er television (**TV** TV - *pronounced teve*)
tid -en -er time
tidig early
tidning -en -ar newspaper
tidningsartik|el -eln -lar newspaper article
tidningsredaktion -en -er newspaper editorial staff
tidskrift -en -er magazine, journal
tiga be silent
till to (**en till** another one)
tillbaka back (**se tillbaka** look back, **gå tillbaka** go back)
tillfredsställa satisfy

tillfälle -t -n opportunity, occasion
tillgång -en -ar asset
tillhöra belong to
tillräcklig enough, sufficient
tills until
tillsammans together
tillstånd -et Ø permission, state, condition
tillåta allow, permit (**rökning tillåten** smoking permitted)
tillägga add
ting -et Ø thing, assembly (*political or legal*); ~s|rätt -en -er district court
tit|el -eln -lar *n.* title, name
titta *v.* look, watch
tjäna serve (*provide service*), earn
tjänst -en -er service, favor, position (*job*)
tjänsteman -nen -*män* civil servant
toalett -en -er toilet, restroom (**offentlig ~** public restroom, **dam~ / herr~** ladies' ~, men's ~)
tolk -er -ar interpreter
ton -en -er tone; -net Ø ton (= *1,000kg*)
tonåring -en -ar teenager
trafik -en -er traffic; ~ljus -et -en stop / traffic light
trevlig nice, pleasant
trivas *v. intr.* enjoy, get along well (**hoppas ni kommer att trivas här** hope you will enjoy it here)
tro -n *n.* belief, faith; *v.* believe (**tro på** believe in), think (**vad tror du?** what do you think?)
troligen probably
tros|a -an -or underpants, underwear
trupp -en -er troop
tryck -et -en *n.* print, pressure; -a *v.* print; push, press (**om ni vill till polisen, tryck 1** if you want the police, press 1)

trygg safe (**jag känner mig trygg** I feel safe)
trygghet -et -er safety, security
tråkig boring
trä -t -n wood
trä- wooden (**~hus** wooden house)
träd -et Ø tree
trädgård -en -ar garden
träffa meet (**var ska vi träffas?** where shall we meet?); hit (**han träffade målet** he hit the target)
träffpunkt -en -er meeting point
träna *v.* train, exercise
trängsel -n crowd
trög stiff; slow; dumb
tröj|a -an -or sweater; T-shirt
trött tired
tung heavy
tung|a -an -or tongue
tunn thin
tunnelban|a -an -or subway
tur -en -er tour, turn (**det är din tur** it's your turn), -en luck
tur och returbiljett round-trip ticket
tvärgat|a -an -or side street
tvärtom on the contrary
tvätt -en -ar *n.* laundry; -a *v.* wash, do the laundry; -omat -en -er Laundromat
tveka hesitate
tvillingar *pl.* twins
tviv|el -let -len *n.* doubt, -la *v.* doubt
tycka think (*have an opinion*)
tyda interpret
tydlig obvious, clear
tyst silent
tyvärr unfortunately
tåg -et -en train
tålamod -et patience
täcka *v.* cover
tält -et -en tent
tämligen rather, quite
tända *v.* light (up)
tändstick|a -an -or matchstick, ~s|ask -en -ar matchbox

tanka think, contemplate

tävlla v. compete; -ling -en -ar n. competition, contest

töa thaw

toras dare (törs du? do you dare? jag törs inte I don't dare do it)

U

ugglla -an -or owl

ugn -en -ar oven

undantag -et Ø exception

undler prep. under, -er -ret Ø n. wonder

underbar wonderful

underhållning -en -ar entertainment

underkläder underwear

undersökla v. examine, investigate, -ning -en -ar n. examination

undervisa teach

undra v. wonder (jag undrar om... I wonder if...)

undvika avoid

ung young

ungdom -en -ar youth

ungefär about, approximately

universitet -et -en university

upp up (direction)

uppdrag -et -en mission, assignment

uppe up (location)

uppgift -en -er task

upphöra cease

uppmärksam attentive

uppnå achieve

upprepa repeat

uppskattla v. appreciate, -ning -en -ar n. appreciation

upptäckla v. discover, -t -en -er n. discovery

urin -et n. urine, -era v. urinate

urval -et Ø selection

ut out, ut ur out of (ut ur mitt hus! get out of my house!)

utan prep. but (inte jag utan du not me but you), without

utanför outside

utbildla v. educate, train; -ning -en -ar n. education, training

ute out (han är ute he's out); outside

utesluta exclude

uthyres for rent

utländsk foreign (from another country)

utlänning -en -ar foreigner

utmärkt adj. excellent; ptc. indicated (on the map)

utnyttja use, make use of, take advantage of

utomhus adv. outdoors

utredning -en -ar investigation

utrikes abroad (hon befinner sig utrikes she is abroad)

utrikesministler -ern -rar secretary of foreign affairs

utrustning -en -ar equipment

utsidla -an -or exterior, outside

utsikt -en -er view; prospect

utställning -en -ar exhibition

uttal -et Ø pronunciation

uttala pronounce

uttrycka v. express

utvandra emigrate

utvecklla v. develop; -ing -en -ar n. development

V

vacker beautiful

vad what

vagn -en -ar wagon, cart; train car

vaklen adj. awake, -na v. wake up

vakans -en -er vacancy

val -en -ar whale; -et Ø election

vandra walk; wander

vanlig ordinary, common

vaplen -net -nen weapon, coat of arms

varla -an -or goods, merchandise, product

vara be
varandra each other
vardag -en -ar weekday
vardagsrum -met Ø living room
variera vary
varje each
varken... eller neither... nor
varm warm
varuhus -et -en department store
vatt|en -net -nen water
veck|a -an -or week
veckoslut -et -en weekend
vegetarian -en -er vegetarian
verk -et -en work (konstverk
    work of art), workshop
    (stålverk steelworks)
verka v. work, have effect
verklig adj. real, -en adv. really
verklighet -en -er reality
version -en -er version
veta know (vet du hur man gör
    det här? do you know how
    to do this?)
vetenskap -en -er n. science, -lig
    adj. scientific, ~s|man -nen
    -män n. scientist
vi we
vid adj wide, broad; prep. at
vigs|el -eln -lar wedding
vikt n. weight; importance, -ig
    adj. important
vill|a -an n. rest, pause, v. rest
vilj|a -an -or n. will; v. want
vilken which (vilken av dem?
    which one of them?), what
    (vilken dag! what a day!)
vilse lost (jag har gått vilse I'm
    lost)
vin -et -er wine
vind -en -ar wind
vinna v. win, gain
vinst -en -er victory (in games,
    sports); profit
vint|er -ern -rar winter
visa v. show
vistelse -n -r stay
visum -et visa n. visa

vit white
vitt widely (så vitt jag vet as far
    as I know)
vrak -et -en wreck
vräka evict
vuxen (en) vuxna adult, grown-up
vykort -et -en postcard
våga dare
våning -en -ar floor; apartment
    (bottenvåning -en -ar
    first floor)
vår -en -ar n. spring (season);
    pron. our
våt wet
väcka wake up
väckarklock|a -an -or alarm clock
väd|er -ret Ø weather
väg -en -ar road; way
    (~beskrivning -en -ar driving
    directions)
vägg -en -ar wall
vägra refuse
väldig huge, grand (väldigt bra
    very good)
välja choose, elect
välkom|na v. welcome; ptc.
    welcome! (to several people);
    -men! ptc. welcome! (to
    one person)
vän -nen -ner friend; -lig friendly
vända turn (vända om turn
    around)
väninn|a -an -or girlfriend
vänster left (as opposed to right)
vänta v. wait
värde -t -n worth, value
värdefull adj. valuable
värld -en -ar world
värme -n warmth, heat
värre worse
väsentlig essential, important
väsk|a -an -or bag, purse
väst west, väst|er -ra, väst-
    western
vätsk|a -an -or n. fluid
växa grow
väx|el -eln small change, gear
    (lägg i ettans växel! shift
    into first gear!)

växelkurs -en -er exchange rate
växlingskontor -et Ø exchange office
växt -en -er plant (*hort.*)

W

wienerbröd -et -en Danish pastry

Y

ylle -t -n wool
yngling -en -ar youngster, juvenile
yngre younger
yr dizzy (**jag känner mig yr** I feel dizzy)
yrke -t -n profession
yt|a -an -or *n.* surface, **-lig** *adj.* superficial
ytterkläder *pl.* outdoor wear / clothes
ytterst outmost
yttra *v.* utter, say
yttre outer (**yttre rymden** outer space)
yx|a -an -or axe

Å

å -n -ar creek
åka go (*by vehicle*); travel
ål -en -ar eel (**ålahuve -t -n** eel head, *useful South Swedish insult*)
åld|er -ern -rar age
ånger -n remorse
ångra (sig) change one's mind; regret (**jag ångrar att jag gjorde det** I regret doing it)
år -et Ø year
årlig yearly
årstid -en -er season
åska -n thunderstorm
åtala prosecute
återvända *v.* return
återvändsgat|a -an -or one-way street

Ä

äg|a *v.* own, **-are -n Ø** *n.* owner
ägg -et Ø egg
äkta genuine, real
äktenskap -et Ø marriage
älg -en -ar elk
älska love; make love
älv -en -ar river
ämne -t -n subject
ämnesomsättning -en -ar metabolism
än yet (**han har inte kommit än** he hasn't come yet); than (**äldre än du** older than you)
ändå nevertheless
ändr|a *v.* change, **-ing -en -ar** *n.* change, alteration
änk|a -an -or widow
änkling -en -ar widower
äntligen at last, finally
äpple -t -n apple
ät|a *v.* eat; **-lig** *adj.* edible

Ö

ö -n -ar island
öde deserted
ög|a -at -on eye
ögonblick -et Ø moment (**ett ögonblick, tack!** one moment, please!)
ök|a *v.* increase, grow; **-ning -en -ar** *n.* increase, growth
ol -et -en beer
ör|a -at -on ear
öre -t -n (*Swedish currency unit*) (**inte ett öre** not a penny)
öster east; **öst|er -ra, öst-** east, eastern
Östersjön the Baltic Sea
öv|a *v.* practice, train; **-ning** *n.* practice, training
över *prep.* over
överallt everywhere

överleva survive

övermorgon the day after
   tomorrow

övernatta stay the night

översätt|a v. translate, -ning -en
   -ar n. translation

övertyg|a v. convince, -else -n -r
   n. conviction

övervintra hibernate

övning -en -ar practice

övrig other (alla övriga böcker
   all other books), för övrigt
   besides

ENGLISH-SWEDISH DICTIONARY

A

abandon överge
about om (a book ~ en bok
om), omkring (~ $100
omkring $100)
abroad utrikes, i utlandet
absolute absolut
academic akademisk
accept acceptera
accessories *pl.* tillbehör, -et Ø
accident olyckla -an -or
accompany medfölja
according (to) enligt
account *n.* konto -t -n; *v.* ~ **for**
redovisa, redogöra
achieve uppnå, prestera
achievement prestation -en -er
acquaintance bekantskap -en
-er *(general)*; bekant -en -a
(a particular person)
acquire anskaffa, tillagna sig
activity aktivitet -en -er
actually faktiskt
add lagga till, addera
address adress -en -er
admit medge
adult vuxen (en) *vuxna*
advantage fördel -en -ar
advice råd -et -en
afraid rädd
afternoon eftermiddag -en -ar
against (e-)mot
agree *v.* vara överens, enas; -ment
n. overenskommelse -n -r
ahead framåt
aid hjälp -en -ar
air luft -en
airmail flypost -en -er
airplane flygplan -et Ø
airport flygplats -en -er, ~ **bus**
flygbuss -en -ar
alcohol alkohol -en -er

alike likadan
alive vid liv, levande
all allt, alltihop
alone ensam
alphabet *n.* alfabete -t -n;
-**ical** *adj.* alfabetisk
already redan
also också; dessutom
although även om, fast
always alltid
ambulance ambulans -en -er
amount belopp -et Ø
amuse *v.* roa, underhålla, -ment
n. underhållning -er -ar
and och
anger vrede -n
angry arg
animal djur -et Ø
announce *v.* utannonsera, .
bekantgora; -ment *n.*
kungörelse, meddelande
annoy irritera, förarga
another *pron.* annan, *refl. pron.*
varandra *(one ~)*
answer *n.* svar -et -en; *v.* (be-)
svara
ant myrla -an -or
anxious angelägen
appear *v.* dyka upp *(pop up)*;
förefalla *(seem)*; -ance *n.*
framträdande -t -n
application ansökan (en) Ø
(form)
apply ansöka *(om)*
appreciate uppskatta
appreciation uppskattning
-en -ar
aquavit akvavit -en -er
area område -t -n
argue argumentera; gråla
(quarrel)
argument argumentation -en -er;
grål -et -en *(quarrel)*

arm arm -en -ar (*anat.*)
armpit armhåll|a -an -or
army armé -n -er
arrange arrangera, ordna
arrest arrestera, anhålla
arrival ankomst -en -er
arrive anlända
art konst -en -er (*Note: when
appearing in plural the word
usually means "tricks"*)
artery artär -en -er
artificial konstgjord, artificiell
artist konstnar -en -er; artist
-en -er (*usually refers to stage
performers*)
ascend stiga uppåt
ash aska
ashtray askfat -et -en
ask fråga
assembly forsamling -en -ar
assist v. assistera; -ance n.
assistans -en -ar
assistant assistent -en -er
association forening -en -ar, klubb
-en -ar; association -en -er
assume förmoda, anta
asthma astma -n
astonish förvåna
at vid, på
ATM bankautomat -en -er
atmosphere atmosfär -en -er
attempt v. försöka; n. forsok
-et -en
attract attrahera, locka
audience åhörare -n Ø, publik
-en -er
aunt faster -n *fastrar* (*paternal
side*); moster -n *mostrar*
(*maternal side*)
author forfattare -n Ø,
upphovsman -nen -*mannen*
authority myndighet -en -er,
auktoritet -en -er
avoid undvika
awake vaken
awful hemsk, motbjudande
awfully adv. hemskt
awkward obekvam

B

baby bebis -en -ar, spådbarn
-et -en
baby-sitter barnvakt -en -er (to
baby-sit att sitta barnvakt)
back n. rygg -en -ar; prep. dir.
tillbaka, bakåt (**move / go
back** gå tillbaka), loc. tillbaka
(**he's back** han är tillbaka)
backpack ryggsäck -en -ar
bad dålig
bag väsk|a -an -or
bakery bageri -et -en
balance balans -en -er; saldo
-t -n (*finan.*)
Baltic adj. Östersjo- (**The Baltic
region** Östersjoområdet)
Baltic Sea Östersjön
ball boll -en ar
bank bank -en -er
bath bad -et -en
bathe bada
bathroom badrum -met Ø
be vara
beautiful skön
beauty skönhet -en -er
because därför, eftersom
become bli
bed säng -en -ar (**single ~**
enkelbadd, **double ~**
dubbelbädd)
bedroom sovrum -met Ø
beef biff -en -ar, nötkött -et -en
beer öl -et Ø
before prep. före; conj. innan
begin v. börja; -ning n. början
(en) ø
behind bakom
believe tro -n (*hold a rel. belief;
think*), tycka, anse (*hold
an opinion*)
belly magle -en -ar
below nedanför
belt balte -t -n, ~way ringväg
-en-ar
bench bänk -en -ar
beside sidan om, bredvid; -s
dessutom

beverage dryck -en -er,
　　förfriskning -en -ar
bible bibel -n *biblar*
bicycle *n.* cykel -n *cyklar; v.* cykla
big stor
bill räkning -en -ar, not|a -an -or
bishop biskop -en -ar, löpare -n
　　∅ (*in chess*)
bird fågel -n *fåglar*
birth födelse -n -r, **~day**
　　fodelsedag -en -ar
bite bita
bitter bitter, besk
black svart
blood blod -et -en
blood group blodgrupp -en -er
blood pressure blodtryck -et -en
blouse blus -en -ar
blow *v.* blåsa (**the wind ~s**
　　vinden blåser)
blue blå
boat båt -en -ar
body kropp -en -ar
boil koka
bone (skelett-) ben -et ∅
book bok -en *böcker*
bookstore bokhand|el -eln -lar;
　　used ~ antikvariat -et ∅
border *n.* gräns -en -er, *v.* **~ on**
　　gransa till
born (be) född (vara) (**I was
　　born** jag ar född; *lit. I am
　　born*)
both båda, bägge
bottle flask|a -an -or
bottom bott|en -nen -nar
box låd|a -an -or, box -en -ar
boy pojk|e -en -ar
bra behå -n ∅ / -ar
brake *n.* broms -en -ar, *v.* bromsa
branch gren -en -ar
brand märke -t -n (**what ~ is
　　this?** vad ar detta for märke?)
brave modig
bread bröd -et ∅
break *n.* paus -en -er, chans -en
　　-er (*opportunity*); broms -en
　　-ar (*of a car*); *v. intr.* gå
　　sönder, *v. tr.* bryta

breakfast frukost -en -ar
breast bröst -et ∅
breath andning -en -ar
breathe andas
bridal couple brudpar -et ∅
bride brud -en -ar
bridegroom brudgum -men -mar
bridge *n.* bro -n -ar, *v.* överbrygga
　　(*overcome an obstacle*)
briefs *pl.* underkläder
bring hamta, medtaga
broadcast utsändning -en -er
broke *adj.* pank (*out of money*)
brother brod|er -ern (*coll.* bror),
　　bröder, **brother-in-law**
　　svåg|er -ern -rar
brown brun
build *v.* bygga; **-ing** *n.* byggnad
　　-en -er
bun bull|e -en -ar, frall|a -an -or
burial begravning -en -ar
burn *v. tr.* branna; *v. intr.* brinna
bury begrava, gräva ner
bus buss -en -ar
bus station busstation -en -er
bus stop busshållplats -en -er
but men
butcher köttaffär -en -er
butter smör -et
buy kopa

C

cab taxi -n *taxibilar*
call *v.* ringa (*make a phone call*);
　　kalla (**it's called** det kallas);
　　ropa på (*call for*)
can *n.* burk -en -ar; *v.* kunna
　　(**~ you do it?** kan du
　　göra det?)
cancel *v.* stryka, ställa in; **-lation**
　　n. strykning -en -ar
capital *n.* huvudstad -en -*städer*,
　　kapital -et ∅ (*finan.*)
car bil -en -ar
card kort -et ∅
cardiac arrest hjärtstillestånd
　　-et -en

care n. vård -en -ar; v. bry sig om
(I care about you jag bryr
mig om dig)
careful försiktig
carry bara
case fall -et Ø (a case for Sherlock
Holmes), låda (a case of beer)
cash n. kontanter pl. (cash or
credit? kontanter eller
kreditkort?); v. ~ in (a check)
lösa in
castle borg -en -ar, slott -et Ø
cat katt -en -er
catch fånga
cause n. orsak -en -er, v. orsaka
cease upphöra
ceiling (inner-) tak -et Ø
celebration fest -en -er, högtid
-en -er
cell phone mobiltelefon -en -er
center centr|um -et -a
centimeter centimet|er -ern -rar
(100 centimeter = 1 meter)
chair stol -en -ar, fåtölj -en -er
(arm~)
chairman ordförande -n Ø
change n. vaxel -n (money),
byte -t -n, v. växla,
byta (trade)
chapter kapit|el -let Ø
characterize karakterisera,
utmärka
chase n. jakt -en -er, v. jaga
cheap billig
check n. check -en -ar, v.
kontrollera, kolla
chest bröst -et Ø
child barn -et Ø
chin hak|a -an -or
choir kör -en -er
choice val -et Ø
choke kväva
choose (from) välja (bland)
church kyrk|a -an -or
cigarette cigarrett -en -er
cinema biograf -en -er
circle cirkel -n cirklar, krets
-en -ar

city stad -en städer
civil adj. civil (as opposed to
military), medborgerlig /
medborgar- (~ rights
medborgarrätt); anständig
(~ behavior anständigt
uppförande)
class klass -en -er
clean v. städa, göra rent, adj. ren
clear v. rensa, tömma (~ the
room tömma rummet);
adj. klar
clock klock|a -an -or (it's five
o'clock klockan är fem)
close v. stänga, adj. nära
clothes pl. kläder
clothing store klädaffär -en -er
coast kust -en -er
coin mynt -et Ø
cold kall, kylig
collect samla (gather), ~ call
B-samtal
color färg -en -er
come komma
comfort bekvämlighet -en -er
comfortable bekväm, behaglig
comma kommateck|en -net Ø
commit begå (~ a crime begå
ett brott); förbinda sig
(~ oneself to something)
commitment hängivelse -n -r
common vanlig
community församling -en -ar
commute pendla
commuter pendlare -n Ø (~ train
pendeltåg -et -en)
company firm|a -an -or,
företag -et Ø (business),
sällskap -et Ø (group of
people)
compare jämföra
comparison jämförelse -n -r
compartment kupé -n -er (train)
compensate kompensera, ersätta
competition tävling -en -ar,
konkurrens -en -er
complete komplett, fullständig
computer dator -n -er

concern n. bekymmer *bekymret* Ø, problem -et Ø; v. angå (**it concerns you** det angår dig)

confirm bekräfta

confirmation bekräftelse -n -r; konfirmation -en -er (*rel.*)

congregation församling -en -ar

connection förbindelse -n -r, samband -et Ø

conquer erövra

conscious medveten

consequence konsekvens -en -er, följd -en -er

consideration övervägande -t -n

constant konstant, oupphörlig

consume konsumera, uppta (**time-consuming** tidskrävande, *lit. time-demanding*)

contact kontakt -en -er

contain innehålla

content n. innehåll -et Ø; adj. nöjd, tillfredsställd

continue fortsätta

contribute bidra

convenience store jourbutik, närbutik -en- er

conversation samtal -et Ø, konversation -en -er

conviction övertygelse -n -r

cooperate samarbeta

cooperation samarbete -t -n

cordial hjärtlig

correct v. korrigera, rätta; adj. rätt, korrekt

cost n. kostnad -en -er, pris -et -er, v. kosta (**how much does it ~?** vad kostar det?)

cottage stugla -an -or

cotton bomull -et

couchette car liggvagn -en -ar

cough n. hostla -an -or, v. hosta

count n. (*nobility*) grevle -en -ar; v. räkna

county distrikt -et Ø

country land -et *länder*; landsbygd -en -er (*countryside*)

course kurs -en -er, riktning -en -ar

court hov -et Ø (**the royal ~** kungliga hovet); rätt -en -er (**see you in ~** vi ses i rätten)

cousin kusin -en -er

cover n. lock -et Ø (*lid*); skydd -et Ø (**take ~!** ta skydd!); v. tacka över (*as with a blanket*), skydda (*protect*)

cream grädde -n

create skapa

creation skapelse -n -r

credit kredit -en -er, **~ card** kreditkort -et Ø

criticism kritik -en -er

crossing korsning -en -ar

crowd n. folkmassla -an -or, **-ed** adj. trångt

crown kronla -an -or

cruel grym

cry n. rop -et Ø (**a ~ for help** ett rop på hjälp); v. ropa (*shout*); gråta (*weep*)

culture kultur -en -er

cure n. botmedlel -let Ø, v. bota

current n. ström -men -mar (**underwater ~** undervattensström), adj. nuvarande (*contemporary*)

currently för närvarande, just nu

curse förbannelse -n -r

curtain gardin -en -er

custom bruk -et Ø

customer kund -en -er

customs tull -en -ar

cut v. skära

cute söt, gullig

D

dad far fadern *fäder*, pappla -an -or

damage n. skadla -an -or; v. skada

dance n. dans -en -er, v. dansa

danger farla -an -or

dangerous farlig

Danish pastry wienerbröd -et Ø

dare våga, riskera

dark adj. mörk; -ness n. mörkler -ret Ø

daughter dotter -n döttrar

daughter-in-law svärdotter -n svardöttrar

day dag -en -ar

dead adj. död

deaf döv

dear kär

death n. död -en -ar

decide besluta, avgöra

decision beslut -et Ø

decrease minska

deep djup

defect fel -et Ø

delay n försening -en -ar, v. försena

delicate ömtålig, delikat (a ~ matter ett ömtåligt ärende); finlemmad (slender)

delicious delikat

deliver leverera

demand kräva, begära

denounce fördöma, anklaga

dental tand- (~ insurance tandvårdsförsäkring -en -ar)

dentist tandläkare -n Ø (lit. tooth doctor)

deny (för-) neka

department avdelning -en -ar, departement -et Ø, ministerium -et -er, ~ store varuhus -et Ø

departure avgång -en -ar

depend beror (it depends det beror på); lita på (rely on)

deposit n. insättning -en -ar; v. deponera, förvara

depth djup -et -en

describe beskriva, skildra

deserve förtjäna

develop v. utveckla, framkalla (photo), -ment n utveckling -en -ar

diabetes diabetes

dial n. urtavlla -an -or (watch), v. slå (~ a number slå ett nummer)

diary dagbok -en dagböcker

die dö

diet diet -en -er

differ v. skilja, -ence n. skillnad -en -er

difficult adj. svår, n. svårighet -en -er

digestion matsmältning -en -ar

dine äta middag (lit. eat dinner)

dinner middag -en -ar

direction riktning -en -ar

dirt smuts -en -er, jord -en -ar (soil) , ~ road grusväg -en -ar

disappear v. försvinna, -ance n. forsvinnande -t -n

disappoint v. göra besviken, -ed ptc. besviken

disclose avslöja

discover upptäcka

discuss diskutera

disease sjukdom -en -ar

dish rätt -en -er (entrée); fat -et Ø (plate), do the dishes diska

dissatisfied missnöjd

distance avstånd -et Ø, distans -en -er

district distrikt -et Ø

divine adj. gudomlig

do göra

dog hund -en -ar

domestic inhemsk

domesticate tämja, -d tam (tame), rumsren (house-trained)

door dörr -en -ar

dot punkt -en -er

double dubbel

doubt n. tvivlel -let Ø; v. betvivla (I doubt it det betvivlar jag)

down ner (dir.); nere (loc.), -stairs en trappa ner

draw v. dra

drawer lådla -an -or

dream n. dröm -men -mar; v. drömma

dress n. dräkt -en -er; v. klä sig (get dressed klä på dig)

drink n. dryck -en -er (any beverage); drink -en -ar (usually alcoholic); v. dricka

drive n körning -en -ar, v. köra,
-r förare -n Ø, chaufför -en -er
drug drog -en -er, narkotika -n
Ø, knark -et (*dope*), ~ **addict**
knarkare -n Ø
drugstore apotek -et Ø
drunk full, berusad
dry v. torka, *adj.* torr; ~ **cleaner**
n. kemtvätt -en -ar
dumb dum
dye färga (*color*)

E

each varje, var och en
ear öra -at -on
early tidig
earn förtjäna
earth jord -en -ar
east ost, öster, **eastern** ost-
easy lätt, enkel
eat äta
editorial ledare -n Ø (*publ.*)
educate (ut-) bilda
education utbildning -en -ar
eel ål -en -ar (**eel head** ålahuve
-t -n, *useful South Swedish
insult*)
egg ägg -et Ø
either... or antingen... eller
election val -et Ø
elevator hiss -en -ar
elk älg -en -ar
E-mail e-post -en Ø
emigrate emigrera
emotional emotionell
employ anställa (*hire*); sysselsätta
(*put to work*)
employee anställd (en) -a
employer arbetsgivare -n Ø
end slut -et Ø
enjoy njuta av
enough tillräckligt, nog
enterprise företag -et Ø, firma
-an -or
entertain underhålla, -**ment**
underhållning -en -ar

entrance entré -n -er, ingång
-en -ar
environment miljö -n -er,
omgivning -en -ar
equip utrusta; -**ment** utrustning
-en -ar
equivalence motsvarighet -en
-er (**the ~ of $100**
motsvarande $100)
escalator rulltrappa -an -or
essential nödvändig
estimate v. beräkna, uppskatta
Europe n. Europa
European n. europé -en -er; *adj.*
europeisk
European Union, the Europeiska
Unionen
evening kväll -en -ar
event n. händelse -n -r, -**ful** *adj.*
händelserik
eventually slutligen, till slut
(*Note: Swedish "eventuellt"
means possibly*)
everything allt, allting
everywhere överallt
evict vräka
evidence bevis -et Ø
evident (-**ly**) uppenbart,
självklart
examination undersökning
-en -ar
examine undersöka
exception undantag -et Ø
exchange utbyte -t -n; ~ **student**
utbytesstudent -en -er
excuse n. ursäkt -en -er; v.
ursäkta, be om ursäkt
exercise övning -en -ar
expense utgift -en -er
expensive dyr
experience erfarenhet -en -er; -**d**
erfaren
explain förklara
explanation förklaring -en -ar
express v. uttrycka
extend förlänga
extension förlängning -en -ar
eye öga -at -on

F

fabric material -et Ø, tyg -et Ø
face n. ansikte -t -n
factory fabrik -en -er
fairly ganska, rätt så
faith tro -n
fall host -en -ar (*season*), fall
  -et -en
familiar bekant (**I'm ~ with the
  problem** jag är bekant med
  problemet) (*Note: Swedish
  "familjär" means "cordial"*)
family familj -en -er
far (away) långt borta
farm bondgård -en -ar, farm
  -en -ar
farmer bonde -n *bönder*
fast *adj.* snabb, *adv.* snabbt
fat n. fett -et -er; *adj.* fet, tjock
father fader (*coll.* far) -n *fader*,
  pappa -an -or
father-in-law svärfar svärfadern
  svärfader
favor tjänst -en -er (**would you
  do me a favor?** vill du göra
  mig en tjänst?)
feature n. drag -et Ø
  (*characteristic*); inslag -et Ø
  (*part of a program*), huvudat-
  traktion -en -er (*main ~*)
fee avgift -en -er, kostnad -en -er
feel v. känna, **-ing** n. känsl|a
  -an -or
female n. kvinn|a -an -or; (*zool.*)
  hon|a -an -or , *adj.* kvinnlig
fetch hämta
fever feb|er -ern -rar
few få
field fält -et Ø
fight n. strid -en -er, kamp -en
  -er, v. strida, kämpa
figure n. siffr|a -an -or, tal -en Ø
  (*number*); figure -en -er
  (*shape*), v. lista ut (*figure out*)
film n. film -en -er; v. filma (*shoot*)
final final -en -er (*sport*), *adj.* slutlig
finally slutligen

financial finansiell
find n. fynd -et Ø, v. finna
finger fing|er -ret -rar
fill fylla; **-ing** n. fyllnad -en -er
  (*stuffing*), *adj.* mättande
  (*saturating, rich*)
fine n. boter *pl.*; v. böta (*pay a
  fine*), *adj.* fin, bra (**that's fine!**
  det är bra!)
fire n. eld -en -ar, brand -en
  bränder, v. beskjuta (*shoot
  at*); avskeda (*lay off from
  a job*)
firm n. firm|a -an -or, företag -en
  Ø; *adj.* fast, hård
fish fisk -en -ar
fit passande (**it fits in** det passar
  in), i god form (**I'm fit** jag
  är i form)
flag n. flagg|a -an -or, v. flagga
flash blixt -en -ar (*photo;
  lightning*)
flat n. våning -en -ar; *adj.* platt
flavor n. smak -en -er, arom
  -en -er, v. smaksätta
flight n. flyg -et Ø (**when is
  my ~?** när går mitt flyg?)
float v. flyta
floor golv -et Ø; våning -en -ar
  (**first ~** bottenvåning -en -ar)
flower blomm|a -an -or
fluid n. vätsk|a -an -or, *adj.*
  flytande
fly n. (*zool.*) flug|a -an -or; v. flyga
food mat -en, livsmedel -let Ø
for *prep.* för
forbid v. förbjuda, **-den** *adj.*
  förbjudet (**No trespassing!**
  Tillträde förbjudet!)
force n. styrk|a -an -or (*strength*);
  våld -et Ø (*violence*); v. tvinga
foreign *adj.* främmande
  (*unknown*), utländsk (*from
  abroad*), **-er** n. utlänning
  -en -ar
forest skog -en -ar
forget v. glömma; **-ful** *adj.*
  glömsk

form *n.* blankett -en -er (**fill in the** ~ fyll i blanketten); form (*shape*); *v.* forma, designa
former före detta, ex-
fowl (*gastr.*) fågel -n
frame *n.* ram -en -ar, inramning -en -ar, *v.* rama in (*a picture*)
free *v.* befria, *adj.* fri, gratis; ledig (*off duty, at disposition*)
fresh färsk (**is this** ~? är detta färskt?)
friend vän -nen -ner; **-ly** vänlig
from från
front framsid|a -an -or, **up** ~ längst framme
fry steka
full full, mätt (**I'm full** jag är mätt)
fun *adj.* rolig, kul, **-ny** *adv* lustig, märkvärdig
function *n.* funktion -en -er, *v.* fungera
furthermore dessutom

G

game spel -et Ø (*e.g. chess*); lek -en -ar (*play*); vilt -et (*gastr.*)
gang gäng -et Ø
garden trädgård -en -ar
gas *n.* bensin -en Ø; gas -en -er, ~ **pedal** gaspedal -en -er, ~ **station** bensinstation -en -er
gather samla
gaze *n.* blick -en -ar, *v.* stirra, glo
gear *n.* utrustning -en -ar; väx|el -en -lar (*motor*); *v.* växla (**put in first** ~ lägga i ettans växel)
gesture *n.* gest -en -er; *v.* gestikulera
get få
gift gåv|a -an -or, present -en -er
girl flick|a -an -or
give ge
glad glad
glove handsk|e -en -ar
go gå (*walk*), åka (*ride*)
goal mål -et Ø

god gud
golden gyllene (*of gold*), förgylld (*gold-plated*)
good god, bra (**a** ~ **man** en god / bra man; **that's good!** det är bra!)
good-bye adjö, farväl -et -en
goods var|a -an -or (*merchandise*)
grade *n.* grad -en -er (*degree*), betyg -et Ø (*report card grade*); *v.* betygsätta
grandfather farfader (*coll.* farfar) -n *farfäder* (*paternal side*), morfader (*coll.* morfar) -n *morfäder* (*maternal side*)
grandmother farmoder (*coll.* farmor) -n *farmödrar* (*paternal side*), mormoder (*coll.* mormor) -n *mormödrar* (*maternal side*)
grass gräs -et Ø
great stor
greet hälsa, **-ing** hälsning -en -ar
grocery store livsmedelsaffär -en -er
ground mark -en -er
grounded *adj.* jordad (*elec.*); **grounding** *n.* jordning -en -ar
group grupp -en -er
grow *v.* intr. växa; *v. tr.* odla
grown-up vux|en (en) -na
guard *n.* vakt -en -er; *v.* vakta, bevaka
guilt skuld -en -er; **-y** skyldig
guess *n.* gissning -en -ar; *v.* gissa

H

hair hår -et Ø, **~dresser** hårfrisör -en -er
half *n.* halv|a -an -or, hälft -en -er, *adj.* halva
hall hall -en -ar
ham skink|a -an -or
hand hand -en *händer*
hang hänga
hanger hångare -n Ø

happen hända
happiness lyck|a -an -or, glädje -n -r
happy lycklig, glad
harbor hamn -en -ar
hard hård
hat hatt -en -ar
hate *n.* hat -et Ø, avsky -n , *v.* hata, avsky
have ha
he han
head huvud -et -en, ~ache huvudvärk -en -ar, ~line rubrik -en -er
heal *v.* hela, bota
health häls|a -an -or
hear *v.* höra; -**ing aid** *n.* hörapparat -en -er
heart hjärt|a -at -an
heater element -et Ø
heavy tung
heel *n.* häl -en -ar
height höjd -en -er
hello hej, hallå
help *n.* hjälp -en -ar, *v.* hjälpa (**help me** hjälp mig)
her henne
here hit (*direction*), här (*location*)
hide gömma (sig)
high hög
him honom
hip höft -en -er
hire anställa
historical historisk
history histori|a -en -er
hold hålla (**hold it!** stopp / stå still, **I've been put on hold** jag är satt i kö)
hole hål -et Ø
holiday semest|er -ern -rar, ferie -n -r, ledighet -en -er
home hem -met Ø (**at home** hemma, **I'm home** jag är hemma, **come home** kom hem), ~**sickness** hemlängtan (**I am homesick** jag har hemlängtan)
horrible hemsk
horse häst -en -ar

hospital sjukhus -et Ø, lasarett -et Ø
hotel hotell -et Ø
house hus -et Ø
how hur
human *adj.* mänsklig, human
hundred hundra
hunger hunger -n
hungry hungrig
hunt *n.* jakt -en -er; *v.* jaga
hurt *v.* skada; *adj.* skadad (**it hurts** det gör ont)

I

I jag
ice is -en -ar, -**cold** iskall, ~ **cream** glass -en -ar; ~ **cube** iskub -en -er
icy isig
idea idé -n -er
ideal idealisk
ill sjuk
illegal olaglig, illegal
illness sjukdom -en -ar
image bild -en -er
imagine föreställa / tänka sig
immigrant immigrant -en -er
immigration immigration -en -er
important viktig
impress *v.* imponera (på), -**ive** *adj.* imponerande
impression intryck -et Ø
in i (*loc.*), in i (*dir.*)
include inkludera
increase öka
individual *n.* individ -en -er; *adj.* individuell, enskild
indoors inomhus
industry industri -n -er
influence *n.* inflytande -t -n, påverkan (en), *v.* påverka, influera
information information -en -er
inhabitant invånare -n Ø
injure *v.* skada, såra
injury skad|a -an -or
in-law(s) ingift(a)

inner inre (**my inner life** mitt inre liv)

inside n. insid|a -an -or (**the ~ is nice** insidan är fin), prep. in (**go ~** gå in), adv. inne (**he's ~** han är inne)

institute n. institut -et Ø, institution -en, -er, v. grunda, inrätta

institution institution -en -er, avdelning -en -ar, department -et Ø

insurance försäkring -en -ar; **~ company** försäkringsbolag -et Ø

intellectual n. intellektuell -e -a, adj. intellektuell

intelligence intelligens -en -er

intention avsikt -en -er, intention -en -er

interest n. intresse -t -n (**show ~** visa intresse), ränt|a -an -or (finan.), **-ing** adj. intressant

international internationell

interpreter tolk -en -ar, översättare -n Ø

intersection korsning -en -ar

into in i

introduce introducera, presentera (**I'll ~ you to** jag ska presentera dig för)

introduction inledning -en -ar, introduktion -en -er

J

jeopardize äventyra, riskera

job jobb -et Ø

jog v. jogga

joint adj. förenad, gemensam (**joint venture** samriskföretag)

journal journal -en -er, tidskrift -er -en (publ.)

journalism journalistik -en -er

journalist journalist -en -er, reporter|er -ern -rar

journey res|a -an -or

judge n. domare -n Ø; v. bedöma

junction korsning -en -ar

juvenile adj. ungdomlig (**juvenile crime** ungdomsbrott)

K

key nyck|el -eln -lar; **-board** klaviatur -en -er; **-ring** nyckelknipp|a -an -or

kill döda; **-er** mördare -n Ø

kilo kilo -t -n

kind sort -en -er, slag -et Ø (**a kind of** ett slags / sorts)

king kung -en -ar

kitchen kök -et Ø

knock n. knackning -en -ar; v. knacka (**~ on the door** knacka på dörren)

know veta (**do you ~ how?** vet du hur?); **~ about / of** känna till

knowledge kunskap -en -er

L

lace spets -en -ar (fabric), snöre -t -n (shoelace)

lake sjö -n -ar

land land -et länder, mark -en -er

landscape landskap -et Ø

language språk -et Ø

Lapp same -n -r (Note: Lapp exists in Swedish, but same has become the preferred term)

large stor

last sist, senast

late sen; avliden (deceased)

laundry tvätt -en -ar

law lag -en -ar (**-abiding** laglydig)

lawn gräsmatt|a -an -or (lit. grass carpet)

lead v. leda (**in the ~** i ledning)

leadership ledarskap -et Ø, ledning -en -ar

learn lära (sig)

leave n. ledighet -en -er (*on leave*); v. lämna

legal laglig, legal

lend låna (ut)

letter brev -et Ø, bokstav -en *bokstaver* (**the ~ a** bokstaven a)

level n. nivå -n -er, plan -et Ø, v. jämna (**the area was ~** området blev jämnat med marken)

library bibliotek -et Ø

lie n. lögn -en -er, v. ljuga (*tell a lie*), ligga

life liv -et Ø, **~ jacket** räddningsvast -en -ar

light n. ljus -et Ø, adj. ljus, latt (*as opposed to heavy*)

like v. tycka om, gilla (**I like it** jag tycker om / gillar det), adv. / conj. som, liksom

likeness likhet -en -er

limit gräns -en -er, begränsning -en -ar

line linja -an -or

link n. lank -en -ar, v. länka, foga samman

listen lyssna, höra på

literature litteratur -en -er

little adj. liten (**a little dog** en liten hund), adv. lite (**some milk** lite mjölk)

live v. leva, bo (**where do you ~ ?** var bor du?), n. direktsand-ning -en -ar, adj. levande

liver levjer -ern -rar

living room vardagsrum -met Ø

loan n. lån -et Ø; v. låna

local lokal

lock lås -et Ø (*on a door*), lock (*of hair*)

lonely ensam

long lång

look n. utseende -t -n; v. se, titta

lose v. forlora, tappa

loss förlust -en -er (**report a ~** anmäla en förlust)

lost förlorad, borttappad; vilse (**I got ~** jag gick vilse)

lot n. mängd -en -er; pron. mycket, många

loud högt (**not so ~ !** inte så högt!)

loudspeaker högtalare -n Ø

love n. kärlek -en -ar, v. alska (**make love** alska)

lovely underbar, ljuvlig

low låg

luck tur -en

luggage bagage -t Ø

M

machine maskin -en -er

mad galen (*insane*), arg (*angry*)

magazine magasin -et Ø, tidskrift -en -er

mail n. post -en Ø; v. posta, **~box** brevlåda

main adj. huvud- (**~ cause** huvudorsak -en -er; **~ thing** huvudsaken)

mainly framför allt

majority majoritet -en -er

make n. tillverkning -en -ar, fabrikat -en Ø, märke -t -n, göra (*manufacture*); **-r** n. ledare -n Ø, förståndare -n Ø, chef -en -er

male n. man -nen *männen*, hanje -en -ar (*zool.*), adj. manlig

man man -nen *männen*; människja -an (*when generally referring to mankind; also see* **people**)

manage v. lyckas (*succeed*), klara av (*handle*); styra, leda (*manage*); **-r** n. ledare -n Ø, förståndare -n Ø, chef -en -er

mark märke -t -n

market marknad -en -er

marriage äktenskap -et Ø

marry v. gifta sig; adj. **married** gift (*-a pl.*)

mass mässja -an -or (*rel.*); massja -an -or (*quantity*)

master n. mästare -n Ø (*champion*); v. behärska

maternal på mödernet

---

matter *n.* materi|a -an -er, *v.* spela roll (*lit.* play a role) (**does it matter?** spelar det någon roll? **what's the matter?** vad står på?)

maybe *adv.* kanske, eventuellt

me jag, mig (**it's me** det är jag, **give it to me** ge det till mig)

mean *v.* mena, betyda (**what does it ~?** vad betyder det?), *adj.* elak, ond (*evil*)

meaning betydelse -n -r

means åtgärd -en -er, sätt -et Ø, med|el -let Ø

medical medicinsk (**~ assistance / care** medicinsk hjälp / vård)

medicine medicin -en -er

medieval medeltida

meet *v.* möta, träffa, **-ing** *n.* möte -t -n

member medlem -men -mar

memory minne -t -n

mend *v.* laga, fixa, reparera

mention *v.* nämna

merchandise (handels-) var|a -an -or, gods -et Ø

mess rör|a -an -or, **-y** *adj.* rörig

message meddelande -t -n

metal metall -en -er

meter meter -n Ø (*100 cm*); mätare -n Ø (**gas ~** bensinmätare)

meticulous noggrann

middle-aged medelålders

Middle Ages medeltid -en -er

midsummer midsommar -en *midsomrar*

mild mild

million miljon / million -en -er

military *n.* militär -en -er, *adj.* militär

milk mjölk -en -er

minute minut -en -er

miss *n* miss -en -ar, bom -men -mar; *v* missa, bomma

mission mission -en -er, uppdrag -et Ø

mistake fel -et Ø

mix blandning -en -ar, mix -en -ar

model modell -en -er

moment ögonblick -et Ø (**just a ~!** ett ögonblick!)

money pengar *pl.* (**I have no money** Jag har inga pengar)

month månad -en -er

more mer

morning morgon -en *morgnar*

mother moder -n (*coll.* mor) *mödrar*, mamm|a -an -or

mother-in-law svärmor svärmodern *svärmödrar*

motion rörelse -n -r

mountain berg -et Ø

mourn sörja

mouse mus -en *möss*

mouth mun -nen -nar, mynning -en -ar (*of a river*)

move *n.* rörelse -n -r, flyttning -en -ar; *v.* röra (sig), flytta

movement rörelse -n -r (**popular ~** folkrörelse)

much mycket

mug *n.* mugg -en -ar, kopp -en -ar, *v.* råna (*rob*)

muscle musk|el -eln -ler

mushroom svamp -en -ar

music musik -en -er

musician musiker -n Ø

my, mine min

N

name *n.* namn -et Ø, *v.* döpa (till)

nation nation -en -er, stat -en -er; **~wide** *adj.* rikstäckande

national nationell

national park reservat -et Ø

natural naturlig, naturell (*e.g. about food with no additives*)

naturally naturligtvis

nature natur -en -er

necessary nödvändig

necessity nödvändighet -en -er

need *n.* behov -et Ø; *v.* behöva

negotiate *v.* förhandla

negotiation förhandling -en -ar

neighbor grann|e -en -ar; **-hood** grannskap -et Ø

neither... nor varken... eller

never aldrig

nevertheless icke desto mindre, ändå

new *adj.* ny, **-s** *n. pl* nyheter *pl.* (*on TV, radio*)

newspaper tidning -en -ar

nervous nervös

neutral neutral

next nästa

night natt -en *natter* (**tonight** i natt)

no nej (**no thanks** nej tack), ingen (**no bananas** inga bananer)

nobody ingen -a

north nord, **northern** nord-

note *n.* anteckning -en -ar (**notepad** anteckningsblock); *v.* notera

nothing ingenting, inget

notice *v.* lägga märke till

novel roman -en -er

novelty nyhet -en -er

now nu

nuclear kärn- (**~ power** kärnkraft, **~ weapon** kärnvapen)

number num|mer -ret Ø

nurse *n.* sjukskötersk|a -an -or; *v.* vårda, sköta

nutrition näring -en -ar

nutritious näringsrik, nyttig

O

obligation skyldighet -en -er

obstacle hind|er -ret Ø

obtain erhålla

obvious *adj.* tydlig, **-ly** *adv.* tydligen

occur inträffa, hända

ocean hav -et Ø, ocean -en -er

odd *adj.* udda, märklig

of *prep.* av

off *adv.* av (**turn off** stäng av)

offer *n.* erbjudande -t -n, *v.* erbjuda

office kontor -et Ø; ämbete -t Ø (*position*)

officer (*mil.*) officer -en -are

official officiell, allmän

old gammal

on på (**turn on the TV** sätt på TV:n - *pronounced teven*)

oncoming motkommande

one en, ett

one-way ~ street enkelriktad gata, **~ ticket** enkel biljett

only endast, bara

open *v.* öppna; *adj.* öppen

opportunity tillfälle -t -n

opposed motsatt, i motsats till

optician optiker -n Ø

or eller

order *n.* beställning -en -ar (*comm.*), ord|er -ern -er (*command*); ordn|ing -en -ar (*state*); *v.* beställa (**we'd like to ~** vi skulle vilja beställa); beordra (*give an order*)

ore malm -en -er (*mineral*)

organ organ -et Ø (*anat.*), org|el -n -lar (*instr.*)

organization organisation -en -er

organize organisera

other annan, andra

out ut

outdoors utomhus, **~ activity** utomhus- / friluftsaktivitet -en -er

outer yttre

outside *n.* utsid|a -an -or (**on the ~** på utsidan); *adv.* ute (**he's ~** han är ute)

oven ugn -en -ar

over *prep.* över

own *v.* äga, *adj.* ege|n -t (**my own car** min egen bil; **my own house** mitt eget hus), **-er** ägare -n Ø

P

pack *v.* packa

package paket -et Ø

pain smärt|a -an -or

---

painful smärtsam (**it's painful /
it hurts** det gör ont)
paint n. målarfärg -en -er (**wet
paint** nymålat); v. måla
painting målning -en -ar
pair par -et Ø
pan pann|a -an -or (**frying ~**
stekpanna)
pants byxor pl.
paper papp|er -ret Ø
parent föräld|er -ern -rar
parliament parlament -et Ø
part del -en -ar
particular särskild, noggrann
partly delvis
partner partner -n -s, kompanjon
(*in business*)
pass passera, klara (**~ a test** klara
ett test)
passport pass -et Ø
pastry shop kondito|ri -t -er
paternal på fädernet
path stig -en -ar, gång -en -ar
patience tålamod -et Ø
patient n. patient -en -er, adj.
tålmodig
pattern mönst|er -ret Ø
pay n. lön, v. betala, **-ment** n.
betalning -en -ar
peace fred -en -er
pear päron -en Ø
pee kissa, pinka
pen bläckpenn|a -an -or
pencil blyertspenn|a -an -or
people människor pl.
percent procent -en Ø, **-age**
procentandel -en -ar
period period -en -er, punkt -en
-er (*dot; full stop*);
menstruation (*coll.* mens)
person n. person -en -er, **-al** adj.
personlig, **-ally** personligen
pharmacy apotek -et Ø
photocopy n. fotokopi|a -an -or,
v. fotokopiera
photo(graph) n. foto -t -n
photograph v. fotografera
picture n. bild -en -er, v.
föreställa sig (*imagine*)

piece n. stycke -t -n (**a dollar
a ~** en dollar styck);
v. **~ together** pussla ihop
pile hög -en -ar, trav|e -en -ar
pink rosa
plain n. slätt -en -er; adj. enkel
plan n plan -en -er, v. planera
plane plan -et Ø, flygplan
planet planet -en -er
plant växt -en -er (*hort.*),
anläggning -en -ar, fabrik -en
-er (*factory*); v. plantera
plastic plast-, gjord av plast
(**~ bag** plastpåse)
platform perrong -en -er
play n. lek -en -ar, spel -et Ø
(*game, acting*), v. leka, spela
pleasant behaglig, trivsam
please v. behaga (*also see
Phrasebook, section 1*)
plot konspiration -en -er
(*conspiracy*); handling -en -ar
(*in a book, film*)
point n. poäng -en Ø (*score*);
poäng (*of an argument*),
punkt -en -er (*on the map*);
v. peka
poison n. gift -et -er; v. förgifta,
-ous adj. giftig
police polis -en -er
politician politiker -n Ø
politics politik -en -er
poor fattig (**~ thing** stackars dig)
population befolkning -en -ar,
invånare -n Ø
pork fläsk -et, griskött
port hamn -en -ar (*harbor*)
position position -en -er,
ställning -en -ar; tjänst -en
-er (*work*)
possible möjlig
post office postkontor -et Ø
postcard vykort -et Ø
potato potatis -en -ar
power makt -en -er, kraft -en -er,
styrk|a -an -or, **-ful** mäktig;
-less maktlos, **-lessness** n.
makt / -kraflöshet -en -er
practical praktisk

practice *n.* mottagning -en -ar
(*office*), *v.* praktisera, öva
(*train*)
pray *v.* be; *n.* -er bön -en -er (**say
a ~ / pray** be en bön / be)
precise precis, noga
prepare förbereda
prescription recept -et Ø (*med.*)
press *n.* press -en (*media*); press
-en -ar (*pressure*); *v.* pressa
pressure press -en, tryck -et Ø
price pris -et Ø
priest präst -en -er (*refers to both
Catholic and Protestant*)
print *n.* tryck -et Ø (*publ.*); *v.*
trycka
prison fängelse -t -n, -er fånge
-en -ar
privilege privilegium -et -er,
rättighet -en -er
prize pris -et Ø (*award*)
probable möjlig, sannolik
produce *v.* producera
product produkt -en -er; -ion
produktion -en -er
profession *n.* yrke -t -n, -al *adj.*
professionell; *n.* yrkesman
-nen *yrkesman*
profit *n.* vinst -en -er, profit -en
-er, *v.* dra nytta av, tjäna på
program program -met Ø
promise *n.* löfte -t -n; *v.* lova
pronounce uttala
pronunciation uttal -et Ø
proof bevis -et Ø
prosecute *v.* åtala, -r *n.* åklagare
-n Ø
protect *v.* skydda, -ed *adj.*
skyddad, fridlyst
(*environmentally*)
protection skydd -et Ø
public *n.* allmänhet -en -er, *adj.*
allmän, offentlig (~ **restroom**
offentlig toalett)
publish publicera
pupil elev -en -er, student -en -er
purchase *n.* inköp -et Ø; *v.* köpa
pure ren
purpose syfte -t -n, avsikt -en -er

push *n.* knuff, *v.* knuffa, trycka
put ställa, lägga

Q

quality kvalitet -en -er
quantity kvantitet -en -er
queen drottning -en -ar
question *n.* fråga -an -or; *v.* fråga
quick *adj.* kvick, snabb, -ly *adv.*
kvickt, snabbt, fort
quiet *adj.* tyst
quit *v.* sluta
quite alldeles

R

rail räls -et Ø; ~road järnväg
-en -ar
rain *n.* regn -et Ø; *v.* regna
rare sällsynt (*not frequent*); rå,
lättstekt (*as opposed to
well done*)
rather ganska
react *v.* reagera; -ion *n* reaktion
-en -er
read läsa
ready *adj.* redo, färdig
real verklig; -ly verkligen
reality verklighet -en -er
reason *n.* orsak -en -er, *v.*
resonera, diskutera
reasonable rimlig; förnuftig
(*sensible*)
receipt kvitto -t -n
receive mottaga
recent färsk, ny
recently nyligen
recipe recept -et Ø
recognition erkännande -t -n
recognize känna igen; erkänna
(*accept*)
record store skivaffär -en -er
red röd
refill of coffee påtår
refuse *v.* vägra

regulation reglel -eln -ler,
reglemente -t -n

relation relation -en -er,
förhållande -t -n

relative n. släkting -en -ar
(family), adj. relativ

religion religion -en -er

religious religiös

remember minnas, komma ihåg

remind påminna; -er påminnelse
-n -r

renew förnya

rent n. hyrla -an -or, v. hyra (**for
rent** uthyres)

repeat upprepa

replace ersätta, -ment ersättning
-en -ar

reporter reportler -ern -rar,
journalist -en -er

represent v representera, -ative
n representant -en -er

reputation rykte -t -n

rescue v. rädda; n. räddning
-en -ar

reservation reservation -en -er,
bokning -en -ar; invändning
-en -ar (objection)

reserve n. reservat -et Ø (national
park), reserv -en -er, v.
reservera, boka (**make a ~**
göra en reservation)

residence bostad -en bostäder

resistance motstånd -et Ø

responsible ansvarig

rest n. villa -an -or, paus -en -er;
v. vila, pausa

restaurant restaurang -en -er

result n. resultat -et Ø, v.
resultera

reward n. belöning -en -ar; v.
belöna; -ing adj. lönande,
givande

rice ris -et Ø

rich rik (wealthy), mättande,
maktig (food)

right n ratt -en -er, rättighet -en
-er, adj. rätt (as opposed to
wrong); höger (as opposed
to left)

ring ring -en -ar (**wedding band**
vigselring)

rinse n. sköljning -en -ar; v.
skölja

rise n. uppgång (**rise and fall**
uppgång och fall); v. resa sig,
stå upp (stand up)

risk n. risk -en -er, v. riskera

road väg -en -ar

rob v. råna, -ber n. rånare -n Ø;
-bery rån -et Ø

role roll -en -er

roll n. rullle -en -ar; v. rulla (ihop)

roof (ytter-) tak -et Ø

room rum -met Ø; utrymme -t
-n (space)

roughly ungefär

round n. rundla -an -or, v. / adj.
runda

route rutt -en -er, väg -en -ar

row n. rad -en -er; v. ro (a boat)

rule n. reglel -eln -ler; v. härska

rumor rykte -t -n (hearsay)

run springa; sköta (manage)

ruthless hänsynslös

S

sacrifice offra

sad sorgsen, ledsen

safe n. kassaskåp -et Ø; adj. säker,
trygg, -ty säkerhet -en -er

salary lön -en -er

salesperson säljare -n Ø

salt salt -et Ø

same detsamma

sample (varu-) prov -en -er

sandwich sandwich -en -s,
smörgås -en -ar

sanitary sanitets-, hygien-, ~ **pad**
dambindla -an -or

satisfied nöjd, tillfreds

satisfy tillfredsställa

sauna bastu -n -r

save rädda (rescue), spara (spare)

say v. säga

school skolla -an -or

science vetenskap -en -er

scientific vetenskaplig

scientist vetenskapsman -nen -männen

sea hav -et Ø

season n. sasong -en -er, årstid -en -er, v. krydda

seat n. (sitt-) plats -en -er, v.
  please be seated var så god och sitt / tag plats (*on a train*)

second n. sekund -en -er (*time*); adj. andra (*after the first*), ~ **best** näst bäst

secret n. hemlighet -en -er, adj. hemlig

secretary sekreterare -n Ø, minister -ern -rar (*gov.*)

security säkerhet -en -er

see se

seek söka, leta efter

seem förefalla, tyckas

selection urval -et Ø

self n. jaget (*psych.*); själv (**myself** jag själv; **~-service** självbetjäning)

sell v. sälja

send sända; **-er** sändare -n Ø (*radio transmitter*); avsändare -n Ø (*of a letter*)

sense n. förnuft -et Ø (*reason*), betydelse -n -r (*meaning*); v. förnimma, märka

sensible förnuftig

sentence n. mening -en -ar, sats -en -er, dom -men -mar (*verdict*), v. döma

separate v. separera, dela på; adj. separat

serious allvarlig (**I'm ~** jag menar allvar)

serve v. betjäna

service betjäning -en -ar

sew sy

sewer kloak -en -er

sex n. sex -et; kön -et Ø (*gender*), **-ual** adj. sexuell, **-y** sexig

shallow ytlig

shame skam -men

shape form -en -er

shave n. rakning -en -ar, v. raka (sig)

she hon

shine n. sken -et Ø; v. skina

ship n. skepp -et Ø, fartyg -et Ø; v. frakta

shirt skjorta -an -or

shoe sko -n -r

shoot v. skjuta

shop n. affär en -er, butik -en -er, shop -en -ar; v. handla, shoppa

short adj. kort, **-ly** snart, inom kort; **-s** n. shorts -en Ø, kortbyxor pl.

shot skott -et Ø

shout n. skrik -et Ø, rop -et Ø; v. ropa, skrika

shower n. dusch -en -ar; v. duscha

sibling syskon -et Ø

sick sjuk, illamående

sickness sjukdom -en -ar

side sida -an -or, **~ street** tvärgata -an -or

sight syn -en -er (*vision*) (**out of ~** utom synhåll); sevärdhet -en -er (*tourist attraction*); **~seeing** sightseeing

sign tecken -net Ø (**~ language** teckenspråk); skylt (**traffic ~** trafikskylt)

significance betydelse -n -r

signify betyda, mena

silence tystnad -en -er

silent tyst

similar adj. liknande; **-ity** n. likhet -en -er

simultaneous samtidig

since sedan

sing sjunga

single enkel (**~ bed** enkelbädd); ensamstående, ogift (*not married*)

sink v intr. sjunka; v tr. sänka

sister syster -ern -rar

sister-in-law svägerska -an -or

sit sitta, sätta sig

site plats -en -er

skate *v.* åka skridsko; **-s** skridskor *pl.*
ski *v.* åka skidor, **-s** skidor *pl.*
skirt kjol -en -ar
sleep *n.* sömn -en, *v.* sova
sleeping car sovvagn -en -ar
slippery hal
slow långsam
smoke *n.* rok -en -ar, *v.* röka (**no smoking** rokning forbjuden)
sob snyfta
sober nykter
soccer fotboll -en
sock strumpa -an -or
soldier soldat -en -er
solution lösning -en -ar
solve losa
some lite; några (*a few*)
some|body / **-one** någon, **-thing** någonting, **-times** ibland
son son -en *söner*
song sång -en -er
son-in-law svärson -en *svärsöner*
soon snart
sorry ledsen
sort *n.* slag -et Ø, sort -en -er (**a sort of** ett slags); *v.* sortera (*put in order*); ~ **out** klargora
sound *n.* ljud -et Ø, sound -et Ø, *v.* låta
soup soppa -an -or
south söder, södra, **southern** sodra, syd
space utrymme -t -n (*room*), rymd -en -er (*astr.*)
speak *v.* tala, **-er** *n.* talare -n Ø
species art -en -er (*zool.*)
specify specifiera, precisera
speech tal -et Ø
speed *n.* hastighet -en -er, *v.* köra fort
spine ryggrad -en -er
stand *n.* stånd -et Ø, *v.* stå
star stjärna -an -or
start *n.* start -en -er, *v.* starta, borja
state *n.* stat -en -er (*geogr.*), tillstånd -et Ø, *v.* påstå, säga, **-ment** *n.* påstående -t Ø, utsaga -an -or

station station -en -er
stay *n.* vistelse -n -r; *v.* stanna, bli kvar
steal stjäla
steel stål -et Ø
steer *v.* styra, **-ing wheel** *n.* ratt -en -ar
step- (son / daughter) *adj.* styv- (-son / -dotter)
step *n.* steg -et Ø, *v.* kliva
stiff stel
still *adj.* stilla, tyst (**stay ~ stå** stilla); *adv.* fortfarande, ännu (**he's ~ here** han är fortfarande här)
sting *n.* stick -et Ø (*insect*); *v.* sticka
stomach mage -en -ar
stone sten -et -ar
stop *n.* stopp -et Ø; *v.* stoppa
store *n.* affär -en -er, butik -en -er; *v.* lagra, förvara
story berättelse -n -r, historia -an -er
straight rak, rät
strange märklig, främmande
strawberry jordgubbe -en -ar
street gata -an -or
strength styrka -an -or
stress *n.* stress -en; betoning -en -ar (*accent*), *v.* betona, understryka (*emphasize*)
string snöre -t -n
striped randig
strong stark
struggle *n.* kamp -en -er, strid -en -er, *v.* kämpa, strida
stuck fast (**I got ~** jag har fastnat)
student student -en -er
study *n.* studium -et -er (*academic*); arbetsrum -met Ø (*room*), *v.* studera
style stil -en -ar
subject subjekt -et Ø; ämne -t -n (*field of knowledge*)
suburb förort -en -er
subway tunnelbana -an -or
such sådan
suffer *v.* lida, **-ing** *n.* lidande -t -n

sufficient tillräcklig
sugar sock|er -ret Ø
suggest v. förslå; -ion n. förslag -et Ø
suit n. kostym -en -er, v. passa
suitable passande
suite svit -en -er (wedding ~ brollopssvit)
summer sommar -en somrar
sun sol -en -ar
support n. stöd -et Ø, support -en; v. stödja, ge support
sure adj. säker; interj. visst!
surface n. yt|a -an -or, v. dyka upp
survive överleva
swear v. svara
sweet sot
sweetener sotningsmed|el -let Ø
swim v. simma
swimming trunks badbyxor pl.
swimsuit baddräkt -en -er

T

table bord -et Ø
tablespoon matsked -en -ar (abbr. msk)
take n. tagning -en -ar, v. ta
talent talang -en -er
talk n. tal -et Ø, v. tala
tall lång
tame tam
tampon tampong -en -er
task uppgift -en -er
taste n. smak -en -er, v. smaka; -ful smaklig, god
tax n. skatt -en -er; v. beskatta
teach lära (ut), -er lärare -n Ø
team lag -et Ø
teaspoon tesked -en -ar (abbr. tsk)
teenager tonåring -en -ar
telephone n. telefon -en -er (~ book ~katalog -en -er, ~ booth ~hytt -en -er, ~ call ~samtal -et Ø; ~ card ~kort -et Ø), v. telefonera, ringa

temperature temperatur -en -er
tend tendera
tent tält -et Ø
test n. prov -et Ø, test -et Ø; v. prova, testa
than än
thank v. tacka
thaw n. to (-väd|er -ret -ren), v. töa
theater teat|er -ern -rar
them dem
then då
there där
they de
thick tjock
thin tunn
thing sak -en -er
think tro (believe); tycka (expressing opinion); tänka (as a mental process)
thought tank|e -en -ar
threat n. hot -et Ø, far|a -an -or; -en v. hota
through genom
throw kasta
thunderstorm åska -n
ticket bil|ett -en -er (one-way ~ enkel biljett; round-trip ~ tur och returbiljett)
time tid -en -er
tire däck -et Ø
tired trött
title tit|el -eln -lar
to prep. till (from morning to evening från morgon till kväll); for (explain to me förklara för mig); på (go to the movies gå på bio)
today idag
together tillsammans
toilet toalett -en -er
tomorrow i morgon
ton ton -et Ø (weight)
tone n. ton -en -er
tooth tand -en tänder; ~brush tandborst|e -en -ar, ~paste tandkräm -en -er
touch v. röra
tour tour -en -er, rund|a -an -or

town stad -en *städer*
trace n. spår -et Ø, v. spåra
track n. spår -et Ø; v. spåra
trade n. handel -n; v. handla,
    bedriva handel, byta
    (*exchange*)
traditional traditionell
traffic trafik -en -er
train n. tåg -et Ø (*vehicle*), v. ova,
    utbilda
training utbildning -en -ar,
    övning -en -ar
translate översätta
translation översättning -en -ar
travel n. resla -an -or; v. resa
traveler's check resecheck -en -ar
treasure n. skatt -en -er; v. vakta
    noga (*cherish*)
treat n. upplevelse -n -r, v.
    behandla
tree träd -et Ø
trend trend -en -er
trial rättegång -en -ar (*jur.*); prov
    -et Ø (*test*)
trouble problem -et Ø
true sann, äkta
truth sanning -en -ar
try pröva, testa
T-shirt t-shirt -en -s, t-tröjla
    -an -or
turn n. tur (**it's my ~** det är min
    tur), v. vända
twins tvillingar *pl.* (**twin bed**
    dubbelsang -en -ar)

U

ugly ful
umbrella paraply -t -n
unauthorized obehörig
uncle farbror farbrodern *farbroder*
    (*paternal side*), morbror
    morbrodern *morbroder*
    (*maternal side*)
uncomplicated okomplicerad
unconscious *adj.* medvetslos,
    -ness n. medvetslöshet -en
under *prep.* under

understand begripa, förstå, inse
underwear underkläder *pl.*
unexpected oväntad
union förening -en -ar, union
    -en -er
unit enhet -en -er
unite förena
university universitet -et Ø
unknown okänd
unlock låsa upp, öppna
until till / tills
up upp, uppåt (*dir.*); uppe (*loc.*)
use n. användning -en -ar, syfte -t
    -n, v. använda; **-ful** användbar,
    -less oanvändbar
usage användning -en -ar,
    bruk -et Ø
usual *adj.* vanlig; **-ly** vanligen

V

vacancy (en) ledig plats, vakans
    -en -er
valid giltig
valuable värdefull
value n. värde -t -n; v. värdera
    (*appreciate*)
vary variera
vegetables grönsaker *pl.*
vegetarian vegetarian -en -er
vehicle fordon -et Ø
victim offler -ret Ø
victory segler -ern -rar
view n. åsikt -en -er (*opinion*);
    utsikt -en -er (**a room with
    a ~** ett rum med utsikt)
village by -n -ar
visa visum -et *visa*
visible synlig
vision syn -en -er
visit n. besök -et Ø, v. besöka; **-or**
    besökare -n Ø
vocabulary vokabulär -en -er,
    ordförråd -et Ø
voice n. röst -en -er
vomit n. uppkräkning, spya; v.
    kräkas, spy, vomera

vote n. röst -en -er, v. rösta (~ **for** rösta på)
vouch (for) v. gå i god för, garantera; **-er** n. voucher -n -s

W

wage n. lön -en -er, (**wage war** v. föra krig)
wagon vagn -en -ar
wait n. väntan, v. vänta
wake (up) vakna (v intr.); väcka (v. tr.)
walk n. promenad -en -er, gång -en -ar, v. gå, promenera
wall mur -en -ar; vägg -en -ar
want vilja, vilja ha
wardrobe garderob -en -er
warm ~ (up) v. varma; adj. varm
warmth värme -n
wash tvätta
wasp geting -en -ar
watch n. armbandsur -et Ø (clock), v. se, titta
water n. vatt|en -net Ø, v. vattna
way väg -en -ar
we vi
weapon vap|en -net Ø
wear bära
weather väd|er -ret Ø; ~ **forecast** väderleksrapport -en -er
wedding bröllop -et Ø
weekday vardag -en -ar
weekend veckoslut -et Ø, weekend -en -ar
welcome v. välkomna, ptc. välkommen! (to one person), välkomna! (to several persons)
well adv. bra
west väster, **western** väst|er -ra, väst-
wet vår
whale val -en -ar
what vad
wheel hjul -et Ø
when när
where var
which vilken

while när, under tiden
whine v. gnälla
white vit
whole adj. hel
wide vid
widow änk|la -an -or, **-er** ankling -en -ar
width bredd -en -er
wife hustru -n -r, fru -n -ar
will n. vilj|la -an -or, testamente -t -n (last will); v. ska, kommer att
win v. vinna
wind n. vind -en -ar; v. ~ **down** lugna ner sig
window fonst|er -ret Ø
windy blåsig
wine n. vin -et Ø
winter vint|er -ern -rar
wire kab|el -eln -lar
with med
without utan
woman kvinn|la -an -or
wonder n. und|er -ret Ø, mirak|el -let Ø; v. undra
wonderful underbar, härlig
wood trä -t -n
wooden trä-, av trä
woods skog -en -ar (forest)
wool ylle -t -n
word ord -et Ø
work n. arbete -t -n, jobb -et Ø (coll.), v. arbeta, jobba (coll.)
world värld -en -ar
worse värre
wreck vrak -et Ø
write v. skriva, **-r** n. författare -n Ø
wrong fel

X

X-ray röntgenstrål|e -en -ar

Y

year år -et Ø, **-ly** årligen
yell n. skrik -et Ø, rop -et Ø, v skrika, ropa

yes ja
yesterday igår
yet än, ännu
you du
young *adj.* ung, **-er** yngre, **-ster** *n.*
    yngling -en -ar
your(s) din, dina, er, era
youth ungdom -en

Z

zip code postnum|mer -ret Ø
zipper blixtlås -et Ø
zest skal -let Ø
zone zon -en -er

REFERENCES

Allén, Sture. 1970. *Nusvensk frekvensordlista baserad på tidnings-text*. Almqvist & Wiskell: Stockholm.

Bannert, Robert. 1994. *På väg mot svenskt uttal*.
Studentlitteratur: Lund.

Holmes, Philip and Serin, Gunilla. 1990. *Colloquial Swedish*.
Routledge: London and New York.

Malmberg, Bertil. 1971. *Svensk fonetik*. LiberLäromedel: Lund.

Thorell, Olof. 1977. *Svensk grammatik*. Norstedts: Stockholm.

Viberg, Åke; Ballardini, Kerstin and Stjärnlöf, Sune. 1991.
Essentials of Swedish Grammar. Passport Books: Chicago.

Wessén, Elias. 1979. *De nordiska språken*. Almqvist & Wiksell:
Stockholm.

Norstedts stora engelsk-svenska ordbok. 2000. Norstedts:
Stockholm.

Norstedts stora svensk-engelska ordbok. 2000. Norstedts:
Stockholm.

Svenska akademins ordlista, CD-ROM, 2000. Norstedts:
Stockholm.

OTHER HIPPOCRENE
SWEDISH TITLES

Swedish-English/English-Swedish Standard Dictionary, *Revised edition*

This dictionary includes 20,000 phrases and idioms, as well as full explanations of inflected forms, plurals and conjugations. It covers both American and British usages.

70,000 entries • 5½ x 8½ • ISBN 0-7818-0379-9 • $19.95pb • (242)

Hippocrene Children's Illustrated Swedish Dictionary
English-Swedish/Swedish-English

• for ages 5 and up
• 500 entries with color pictures
• commonsense pronunciation for each Swedish word
• Swedish-English index

Hardcover: 94 pages • 8½ x 11 • ISBN 0-7818-0822-7 • $14.95hc • (57)
Paperback: 94 pages • 8½ x 11 • ISBN 0-7818-0850-2 • $11.95pb • (665)

Prices subject to change without prior notice. **To purchase Hippocrene Books** contact your local bookstore, call (718) 454-2366, or write to: HIPPOCRENE BOOKS, 171 Madison Avenue, New York, NY 10016. Please enclose check or money order, adding $5.00 shipping (UPS) for the first book, and $.50 for each additional book.